MIEZE MEDUSA + MARKUS KÖHLE

PING PONG POETRY

DIE NEUEN BESTEN SLAMTEXTE

I.

INHALT

 Jetzt mit deiner Punktevergabe! Mache es wie bei einem Slam und vergib deine Punkte für jeden Text. Wähle am Ende deinen Liebling: Ist es Markus? Ist es Mieze? Die Spannung steigt. Sei dabei!

Mieze Medusa Markus Köhle

AUFSCHLAG

Unschuldsvermutung	11	
14	Sprecht!	
17	Anstelle eines Vorworts	
Wie's mir geht	23	19
Geh mit Kant, aber geh!		
32	26	
Gute Partie	Verliebt. Verlobt. Verheiratet.	
39	36	
Occupy Utopia	Verschlissen. Verschissen. Verlassen.	
47	43	
	Utopie mal Daumen	
	Schlechtere Zeiten	

RUNDUMSCHLAG

- Auf bald 55
- 59 Schnitzelfriedhöflichkeit
- Drachen töten 63
- 67 Eduard Zimmermann ist nicht mehr
- Mama (aber nicht nur!) 70
- 75 Na Hund?
- Alles ist möglich 79
- 83 ÜABC und dDiA
- Hoch die Internationalalala 87
- 90 Wurschteln statt wüten
- 93 Warum noch immer kein Schwein weiß was ein Gedicht ist

RÜCKSCHLAG

- Mieze s'isch Zeit 101
- 107 Durch Schnitt Kunst
- Abgeschlaffter Modus 110
- 113 Dieser Text ist käuflich
- Mieze Medusa sucht das Paradies 116
- 120 Grummel. Gram. Grammatik.
- B-rated Adabei 123
- 127 Mannsbilderrausch und Frauenauflauf
- Wienwinter für ganz Arme 130
- 137 Der Nasenheini
- Systemgetrieben 140
- 145 Ein Glühweinhalleluja
- Kein Halt Kein Schlaf Kein Turnaround 148
- Als ich das Echoorakel befragte 153
- 157 Ich bin er-sie-es
- Wege aus der Krise 160
- 165 Verlegen
- Sport ist 169
- 170 Verkatert
- Ein Kribbeln 173
- 176 Nichts ist stärker als Sätze
- 178 Wiegenlied

NACHSCHLAG

| DETECTIVE BUREAU
Milena Corp. | **POLICE DEPARTMENT**
CITY OF LITERATURE | PLEASE POST IN A
CONSPICUOUS
PLACE |

WANTED
EXTORTION BY SLAM POETRY

MIEZE MEDUSA LEBT IN WIEN

DESCRIPTION

| **SEX:** Yes | **RACE:** International | **WEIGHT:** Who asks? | **EYES:** Warm |
| **AGE:** Adult | **HEIGHT:** Human | **HAIR:** SHORT BROWN | **COMPLEXION:** Hell, yeah! |

Erster Slam: 1. Versuch: irgendwann Ende 90 in Innsbruck, 1. richtige Teilnahme: 2001 im *Schikaneder* in Wien
Home Slam: textstrom Poetry Slam Wien (seit 2004)
Slam MC: textstrom Poetry Slam, Minoriten Poetry Slam Graz
Außerdem: Slam Team MYLF (Mothers You'd Like to Flow with) mit Yasmin Hafedh
Top 5 Slam-Erlebnisse:
* Team-Finale bei der Dreiländermeisterschaft 2012 in Mannheim/Heidelberg; Yasmin und ich sind beide auftritts- und meisterschaftserfahren, aber als Team mussten wir uns auf der Bühne nochmal neu erfinden. Sehr aufregend und fürs Finale hat es auch gereicht!
* Nujorican & Urbana Poetry Slam: 2012 dann doch mal nach New York fahren und dort auf der Slambühne auf Deutsch rappen. Beim 2. New Yorker Slam dann die Jurytafeln nehmen und immer gestrichen werden, weil eine Meinung haben wir, und Hippies sind wir auch keine.
* Lux Poetry Slam in Luxemburg 2011: zweisprachiger Poetry Slam mit SlammerInnen aus Deutschland, Österreich und Frankreich. Die jeweiligen SlammerInnen verstanden entweder deutsch oder französisch, nur das Publikum war zweisprachig und lachte und klatschte bei allen Texten.
* Auftragstext für 40 Jahre Unix 2009: Ich liebe Computer und Programmiererwitze und hab für »systemgetrieben« ein einziges Mal das passende Publikum gefunden. Hab versucht, den Text auch anderen Menschen vorzutragen, aber da müsste ich bei jeder Zeile den passenden Wikipediaeintrag mitpräsentieren.

Fortsetzung: S. 180

| DETECTIVE BUREAU **Milena Corp.** | **POLICE DEPARTMENT**
CITY OF LITERATURE | PLEASE POST IN A CONSPICUOUS PLACE |

WANTED
EXTORTION BY SLAM POETRY

MARKUS KÖHLE LEBT IN WIEN

DESCRIPTION

SEX: Yes	**RACE:** Human	**WEIGHT:** Heavy Cargo	**EYES:** 2, wicked
AGE: Adult	**HEIGHT:** Ashbury	**HAIR:** SHORT BROWN	**COMPLEXION:** Handsome

Erster Slam: 1997 Provinztheater Innsbruck
Home Slam: BPS Innsbruck (vormals *Bierstindl-* jetzt *Bäckerei* Poetry Slam, seit 2002)
Slam MC: BPS Innsbruck, *Stromboli* Slam Hall, *poolbar S*lam Feldkirch, Minoriten Poetry Slam Graz, Meat Pepo Poetry Slam Aich-Assach, *Slammer.Dichter.Weiter.* in der Alten Schmiede Wien, textstrom Poetry Slam im *rhiz* Wien
Top 5 Slam-Erlebnisse:
* German International Poetry Slam in der Dampfzentrale Bern 2002 (Erstkontakt mit der Slamily!)
* Open Air Poetry Jam im Garten der Schweizer Botschaft in Kairo 2009 (Mein Spontangedichttitel »Fisch, viel, laut« wird zur Schlagzeile im NZZ-Bericht.)
* Fasnachtsdienstag Poetry Slam in Rom 2010 (Eine Dame in Dominakostüm moderierte, viele Betrunkene improvisierten, und ich slammte erstmals auf Italienisch und gewann!)
* Poetry Slam Show in der Weltsprachenuniversität Samarkand 2013. (Skurrilster Auftritt ever! Alter Mann: »Sie sind sicher talentiert. Singen Sie ein Lied!«)
* Meat Pepo Poetry Slam in Aich-Assach; alle Jahre wieder in der Fleisch- und Wurstwarenhalle Zefferer (Spanferkel, Aicher-Herbst-Bier und Jausenbündel für alle!)
Slam-Repertoire insgesamt: circa 150
Slam-Repertoire aktuell auswendig: circa 20
Bücher: Hanno brennt (Prekariatsroman, 2012)
Dorfdefektmutanten (Heimatroman, 2010)
Doppelter Textpresso (Slam Poetry mit Mieze Medusa und CD, 2009) Fortsetzung: S. 181

AUFSCHLAG

Unschuldsvermutung

Ergreifen wir also die Macht!
Oder das Wort!
Oder die Gelegenheit!
Denn: Gelegenheit macht Diebe.
Macht macht Versuchung.
Wort macht Unschuldsvermutung.
So auch ich:
In aller Unschuld vermute ich wie folgt: Unschuld vermutet nicht!
Das Volk ist (nicht ganz ungeplant, vermute ich)
die reinste Unschuldsvermutung vom Land, vom Stadtrand
bis zum arg angesagten Innenstadtbezirk.
Denn mit ein bisschen goodwill, mit der richtigen Couleur
hinter den Ohren,
mit dem passenden Pass und dem genehmen Chromosomenpaar,
und ein bisschen Talent zum Zeitung zur Seite legen,
ohne sie zu lesen,
kommt man zufrieden durch ein Leben hier.

Wir sind in guten Händen, vermuten wir in aller Unschuld.
Wir werden gut bedient, vermuten wir in aller Unschuld.
Vater Staat versorgt uns umsichtig und mütterlich, vermuten wir in
aller Unschuld.
Denn Unschuld vermutet nicht den Hinterhalt, die Hintertür,
Unschuld vermutet nicht die Hinterzimmerhocker,
Unschuld vermutet nicht die Machtstruktur.

Wir werden hingehalten.
Ja, über Ethikunterricht kann diskutiert werden.
Ja, gleiche Bezahlung bei gleicher Leistung wäre schon schön.

Ja, das Budget darf nicht nur einnahmenseitig saniert werden.
Ja, so ein Bachelor ist ein vollwertiger akademischer Grad, nicht im öffentlichen Dienst, aber so international gesehen.
Und wir? Wir denken nichts Böses, wir wundern uns nur.

Wir werden manipuliert:
Ja, Pensionen sind am Aktienmarkt gut aufgehoben.
Ja, dieses Wertpapier ist mündelsicher.
Ja, mit Cross-Boarder-Leasing-Geschäften kann auch eine kleine Gemeinde am Land so richtig absahnen.
Ja, die Herabsetzung der Verjährungsfrist bei Steuervergehen ist wichtig, das macht Selbstanzeigen wahrscheinlicher.
Ja, der Wiener Prater braucht einen neuen Eingangsbereich.
Ja, wir arbeiten mit aller Kraft an einer sachlichen Lösung im Interesse des Landes.
Und wir? Wir denken nichts Böses, wir wundern uns nur.

Wir werden nicht für ganz voll genommen.
Ja, wenn meine Partei drittstärkste Kraft im Land wird,
gehen wir in Opposition.
Ja, der EUROFIGHTER war schon irgendwie die beste Wahl
für unser Anforderungsprofil.
Nein, bei Einführung der E-Card fallen für die Versicherten
keine neuen Kosten an.
Ja, der Paragraph 278 a wird wirklich nur gegen Mafia, den Terror, gegen die organisierte Kriminalität verwendet, okay?

Und du? Du nennst mich politikverdrossen?
Und du? Du wirfst mir mein Wahl*fehlverhalten*, also Wahl*fernbleiben* vor?
Und du? Du bist enttäuscht von meinem Gleichmut, von meiner Stammtischargumentation?
Von meiner mangelnden Mobilisierbarkeit in Krisenzeiten – also Wahljahren?

Dieser Text ist unfertig.

Unvollkommen.
Ungenügend recherchiert.
Schnell hingekritzelt, beinah wortspielfrei, keine große Kunst an sich!
Ich bin nur Einzelmensch, One-Woman-Show,
bin kein Expertenstab mit ausreichend Recherchepersonal ...
Ich schreib nicht ab!
Kein Bachelorstudent macht mir den Bettelassistent.
Ich überflieg nur flüchtig Zeilen auf Zeitungspapier.
Blick nicht ganz durch, wenn Jahre später Anzugträger
Unterausschussarbeit delegieren.

Ja, dieser Skandal wird lückenlos durchleuchtet werden.
Ja, dieser Sache wird gründlich auf den Grund gegangen worden sein.
Ja, dem Rechtsstaat wird Genüge getan.
Sagst du, und berufst dich auf die Unschuldsvermutung.
Doch kollektive Unschuldsvermutung kommt vor den Fall.

Empören wir uns.
Ermächtigen wir uns.
Ergreifen wir also die Macht –
oder das Wort!
Oder die Gelegenheit!
Denn Gelegenheit macht Diebe.
Macht macht Versuchung.
Wort macht Unschuldsvermutung.

Punktewertung Damen					
Ranking	1	2	3	4	5
	6	7	8	9	10
Disqualifiziert, gestürzt oder angeheitert: 0					

Sprecht!

Ich bin ein Fernsprecher, ein Fürsprecher der Ferne.
Ich bin ein Gernsprecher, ein Worträcher des Verschwiegenen.
Ich bin ein Schönsprecher: schön mit Ö wie Österreich.
Oh Ö, oh Ö, oh Ö, wie bist du reich an Zwiespalt – wie bist du arm in Kärnten.
Wie bist du gut im Wegadministrieren von evidenten Skandalen – wie bist du noch besser im Vergessen.
Oh Ö – andere Länder haben die Krise, wir haben unser Regierungs- und Fußballnationalteam.
Oh Ö – fromme Erregung durchflammt mich bei jeder Zeitungslektüre.
Oh Ö, oh Ö, oh ORF – Zeit im Bild und Welt im Arsch.

Seit ich keinen Fernseher mehr habe, bin ich besser im Bild.
Ich bin ein Sprachbilderbuch, bin ein Sprechblasenbruch und ein Textbelastungsgrenzenauslotungsversuch.
Ich bin ein Satz-Satz-Satz-Satz-Repetier-Repetier.
Das ist ein Tier mit großer Schnabeldurchschlagskraft, in Fachkreisen auch bekannt als: SPRECHT! SPRECHT! SPRECHT! SPRECHT!
– mit Ausrufezeichen – ich mag Ausrufezeichen!
Ich bin gelegentlich ein ganz schön explizit Sprecher.
Ich bin gelegentlich aber auch ein ganz schön verschwurbelt Sprecher.
Ich mag Satzschlaufen wie: Einfälle sind Abfälle der Horizonterweiterung. Eingebungen sind Ausscheidungen des Hirns. Wiederholungen sind Freizeit fürs Hirn, und Hirn ist die Mangelware der Generation »Wo woar mei Leistung?«.

Apropos Leistung: Ich bin kein Schul-, aber ein klasse Sprecher: 1 a!
Im Sprechen bin ich mir selbst überlegen.
Ich habe keine Angst vor Worten,

Worte sind auch nur Sprechknoten der Stimmbänder,
Brechzoten des Kehlkopfs und Krallenpfoten der Satztatzen.
Gut, Worte können schon auch Prankenhiebe im
Verständigungsgetriebe und Pollerbrüste der Artikulationsgelüste sein.
Aber Worte kosten nichts; Worte gibt's nicht zu knapp und
Worte können alle allen vor den Latz knallen; das kann, muss aber
nicht wehtun; denn Worte per se sind unschuldig; Worte sind zwar
die verbale Munition der Kommunikation, aber Worte schießen nicht!
Es sind immer die Sprecher, die Worte zu Waffen machen.

Ich bin kein Wortverbrecher, ich bin kein Wortversprecher und auch
kein Elternsprechtag.
Zu mir dürfen alle kommen: Eltern, Jünger, Onkel, Tanten, gerne auch
die entfernten Verwandten aus Übersee, denn ich hab' nämlich
Fernweh!

Ich bin ein Fernsprecher, ein Fürsprecher der Ferne.
Ich bin keine Sprechstunde; ich bin kürzer; kürzer, schneller und
dichter.
Ich bin ein Asynchronsprecher; ich spreche und mache dazu
gleichzeitig unpassende Arm-Bein-Kopf-Rumpfbewegungen.
Ich bin ein Mini-Sprech-Stück für Hinz und Kunz.
Hinz: Grinst.
Kunz: Grunzt.
Hinz: Spinnst?
Kunz: KUNST!

Okay, ich geb's zu, ich bin ein Rumsprecher, also ein ganz schön dem
Rum-Schnaps-Wein-Bier-Zusprecher und ab und zu ein Sprechrausch.
Lasst uns also auf die Ferne (bzw. auf die GastgeberInnen) trinken:
Ich verspreche mich der Ferne sowie Sonne, Mond und Sterne und
der Sprache sowieso. Prost!
Ich bin ein Fernwehfürsprecher und ein Horizontlinienbrecher.
Ich bin ein Weitguck mit Hoch-, Dampf- und Nachdruck.
Ich bin ein Die-Ferne-Sichter, ein Dauerempfänger der Allüberall-
Signallichter.

Ich bin ein Fernscheinwerfer und ein Grantscherm-Verwerfer.
Ich wehe nicht, ich blase – ich übersehe nichts, ich glase fern, weit, klar.
Ich hab den Über-, Weit- und Durchblick und Heimat,
Heimat ist mir nur ein Sidekick
für schlechtere Tage, die ich nicht kenne oder gemütlich zuhause
verpenne.
Ich bin ein Schlechte-Tage-Schlachter und Miese-Laune-Verachter.
Ich achte auf das, was mir nah, und betrachte gern, was mir fern.
Aber ich bin kein Fernseher, denn Fernseher sind unter anderem
ORF-Opfer.
Fernseher sind Mattscheiben, Fernseher loben eher das Daheimbleiben,
ich hingegen preise die Ferne (und das Live-Dabeisein).

Ich bin keine Fernzugauskunftsstelle und auch keine
Nahtoderfahrungsendtunnelhelle.
Ich bin ein Ferndiagnosen-pauschal-in-Frage-Steller und ein
naheverhältnismäßiger Megaseller.
Ich bin kein Fernmünzsprechanlageberater und auch kein
Nahkampffußgängerzonenmaronibrater.
Ich bin ein Fernbeziehungsschlichter und
Nahgeschlechtsverkehrsverrichter.
Ich bin nicht für Fernreisezielrohrblattschüsse.
Ich bin für Nahversorgungsküsse.
Ich bin ein SPRECHT! SPRECHT! SPRECHT!
Ich klopfe, picke, poche auf Worte, und insofern bin ich nah dran, an
dem, was mir wichtig: Ich spreche nicht verhalten,
ICH SPRECHE MICH AUS!

Punktewertung Herren					
Ranking	1	2	3	4	5
	6	7	8	9	10
Schlechte Tage, miese Laune: 0					

Anstelle eines Vorworts

Slam Poetry ist nicht Lyrik, nicht Prosa, nicht Theater.
Slam Poetry ist Lyrik, Prosa, Theater.
Slam Poetry sitzt immer zwischen den Stühlen.
Slam Poetry muss gehört werden.
Slam Poetry muss gelesen werden.
Slam Poetry fühlt sich allerdings der Mündlichkeit verpflichtet.
Slam Poetry ist Vortragsliteratur.
Slam Poetry schlägt eine Brücke zum Publikum.
Slam Poetry führt sich auf.
Slam Poetry lebt vom Vortrag.
Slam Poetry ist um Ein- und Zugänglichkeit bemüht.
Slam Poetry baut auf Wiederholungen.
Slam Poetry ist Interaktion.
Slam Poetry ist gelebte Integration.
Slam Poetry spielt mit Worten.
Slam Poetry experimentiert mit Formen.
Slam Poetry ist politisch.
Slam Poetry baut auf Wiederholungen.
Slam Poetry montiert.
Slam Poetry ist pointiert.
Slam Poetry spricht Jung und Alt an.
Slam Poetry ist für alle und alles offen.
Slam Poetry ist noch nicht allgemein akzeptiert.
Slam Poetry wird kategorisch schubladisiert.
Slam Poetry bricht gerne aus.
Slam Poetry ist explizit.
Slam Poetry ist leise, nachdenklich, melancholisch.
Slam Poetry ist laut, wütend, zornig.

Slam Poetry ist kein Nebenher-Schreibabfall-Produkt.
Slam Poetry hat einen eigenen Sound.
Slam Poetry ist der Minnesang von heute.
Slam Poetry klopft die Sprache auf ihren Rhythmus ab.
Slam Poetry horcht tief ins Wortinnere.
Slam Poetry ist heiß, fettig und immer aktuell.
Slam Poetry kennt keine Sprachgrenzen.
Slam Poetry propagiert Grenzüberschreitungen.
Slam Poetry erobert Teenagerherzen und Theaterbühnen.
Slam Poetry ist zeitgemäße literarische Unterhaltung auf bestem Niveau.
Slam Poetry geht ins Ohr, ins Herz, ins Hirn und lässt kein Auge trocken.
Slam Poetry kann durch nichts ersetzt werden.

Wie's mir geht

Wie's mir geht?
Ich schau auf mich – Hand drauf!
Schau aus Augenwinkeln Strandausläufern auf die Beine, Rücken, Hintern,
bau mir in Gedanken Brücken mit Sand als Standbein,
verriesel mich dann in Details,
denk mich fremd und geh dann doch allein ins Bett, und, wenn ich
ehrlich bin, auch früh schlafen.
»Du fehlst!«,
könnt ich laut sagen,
doch hab ich Angst, der Satz verrieselt in so Glasfaserkabeln,
versickert, verstört, verfaselt sich,
triangelt nicht zu dir durch.
»☺«, sagst du,
und: »Kopf hoch!«,
und: »Halt zu mir, ich bin bald da, oder du, und wir halten uns dann
atemlos in unsern Armen!«

Das, was wir Liebe nennen,
ist ein Vogel Phönix,
ist ein Fernreisekönig,
ist an manchen Tagen die Windstille im Auge des Orkans,
und manchmal halt der Wind drum rum;
ist ein Beharren, hartnäckig und atemlos
auf der uns verbrieften, uns verbürgten Unverpassbarkeit von
Anschlusszügen.
Das, was wir Liebe nennen, hat (das kannst du laut sagen)
verdammt langen Atem.
Wie's mir geht?
Ich schau auf mich – Hand drauf.

Ich geh gedankenlang den Strand entlang,
ich werd zum Flaschenpostler, ich bin Fachfrau für Versendetes,
verschwende Briefkuverts und sende SMS.
Ich schließe Zaungastfreundschaft,
schau mir dabei zu, wie ich auf Beine, Rücken, Hintern blick,
ich denk mich fremd, nenn das dann Flirten,
doch ich gebe zu bedenken,
die Augen leuchten, wenn ich tief ins Weite blick,
doch stellt mein Blick auf Durchzug und
die Ohren verharren nur zum Abwarten von Fadem ohne roten Faden.

Der Mond macht das Meer unruhig,
der Mond macht die Gezeiten scheu,
Wasser klappt den Strand hoch und kappt das Land.
Hand hoch!, wenn du mich vermisst.
Ich empfang bloß Strandgut,
ich fang schon an, uns zu vergessen,
uns vergess ich, nicht dich.

Das, was wir Liebe nennen, ist ein schwarzes Meer bei Nacht;
ist – Himmelherrgottnochmal!
Ist oft ein schwarzes Loch und gähnt grad gelangweilt.
Dein Fehlen hat die Luft um mich verdünnt,
ich atme flach und frage nach der Nacht.
Ich seh fürs Leben gerne Sternschnuppen beim Verglühen zu,
ich zieh grad sternstundenlange Kreise in Seesternschuppenschutt.
Ich geh kaputt.
Das, was wir Liebe nennen,
ist an manchen Tagen Vakuum,
kappt meinen Sauerstoffnachschub und hat verdammt lange Atempausen.
»Wem sagst du das!«, sagst du.

Wie's uns geht?
Wir schau'n auf uns – Hand drauf.
Begehen alltagein, alltagaus Steig-ein-Pfiff-und-Abfahrt-Zugreiseheldentaten,
wagen uns an tolldreiste Distanzkampfansagen,

und hoffentlich klappt der Anschlusszug.
Ich wäre reich, bekäm ich was für jede ÖBB-Verspätungsminute ...
»Wo bist grad?«
»Wie lange noch?« –
und dann noch: Handhalten per *Skype*,
Briefpapier, getränkt mit Körperflüssigkeiten,
und hoffen, dass das reicht.

Der Mond macht den Fluss müde,
träge trägt der Strom das Wasser Richtung Salzdepot,
fließt von dir zu mir, und dann ins Meer.
»Schau nicht so!«, sagst du.
»Wie schau ich denn?«, frag ich, und meine eigentlich:
Wie weißt du, wie ich schau? – Wir skypen webcamlos.
»Was ist denn los?«, sagst du.
»Nichts«, sag ich, und: »Salzwasser hab ich selbst.«
»Buchst du den Flug?«, fragst du.
»Kann sein«, sag ich, und mein: Kann das nicht warten?
»Was?«, fragst du.
»Das Wieder-in-ein-Flugzeug-Steigen oder in den Zug.
Daheim sein ist schön, wenn auch allein.«
»Das schon«, sagst du, mit Stimmbändern wie belegten Broten,
und dann: »Willst du mich denn nicht wiedersehen?«

Der Wind peelt mich,
schrubbt mich ab und
schiebt mir Sand in die Schuhe.
Schiebt mir Sand in die Hose,
schiebt mir Sand in mein Shirt und in die Schicht drunter.
Es riecht nach Seegang und Frischfisch mit unbestimmtem Ablaufdatum.
Es riecht nach Wellenkamm und Gischt (Gischt) mit unbestimmtem
Aufpralldatum.
Klatsch mich ab, Welle!, pass deinen Zeitpunkt ab und brande an.
Verdammt! Anrufentgang, nachrufen, läuten lassen, in Boxen landen;
lass was dort und warte dann auf Wort und Tat:

»Sie haben eine Mitteilung empfangen.«
Ja, ich habe deine Mitteilung empfangen,
und später dann ein Stehplatz im Nachtzug,
ein Stehsatz und »schlaf gut«.
Und ich ratatatatratatatratatatat mich zu dir durch,
wart nicht auf mich, ich komm verdammt spät an und finde dann den
Weg in deinen Arm.
Ich bring Frischbrot,
belegt mit einem Kuss, der nottut,
belegt mit Stimmbändern, die abtastend schwingen.
Endlich wieder reden, ohne Klingeltonpräambel,
endlich wieder rummachen, ohne virtuelles Rumgestammel.
Endlich wieder nichts sagen,
denn nichts sagen ist im Echtleben auch Kontakt.
Endlich wieder stillschweigen,
denn Stillschweigen ist im Echtleben auch Kontakt.
Wir schweigen uns an, und dann
fängt einer von uns mit Reden an,
mit vorgelebtem Leben nachtragen,
nochmal nachfragen.
Nochmal Kaffee.

Das, was wir Liebe nennen,
ist ein Vogel Phönix,
ist ein Fernreisekönig,
ist an manchen Tagen die Windstille im Auge des Orkans,
und manchmal halt der Wind drum rum,
ist ein Beharren, hartnäckig und atemlos,
auf der uns verbrieften, uns verbürgten Unverpassbarkeit von
Anschlusszügen.
Das, was wir Liebe nennen, hat verdammt langen Atem.

```
Punktewertung Damen
Ranking       1   2   3   4   5
              6   7   8   9  10
Betrogen und beschissen: 0
```

Verliebt. Verlobt. Verheiratet.

100 % ORIGINAL MARKUS KÖHLE

VERLIEBT
Meine Füße täglich waschen.
Meine Achselhaare regelmäßig rasieren.
Bruno-Banani-Aftershave und Hautcreme verwenden.
Wok-Gerichte-Fan werden.
Den Klodeckel immer runtergeben.
Den Staubsaugersack mehr als einmal im Jahr wechseln.
Monatlich die Bettwäsche waschen.
Ein Flusensieb kaufen.
Hirse essen.
Mir einen Nasen- und Ohrenhaarschneider zulegen.
Sport-BHs praktisch und sexy finden.
Dem Bimsstein im Bad nicht seine Berechtigung absprechen.
Mir einen peinlichen Kosenamen wie »Schatziputz, Hasimaus oder Bockbierstier« gefallen lassen.
Das alles will ich tun, wenn du so bleibst, wie du bist.

VERLOBT
Ich geb dir mein Wort.
Der Rest ist auch für dich.
Der Rest bin ich.
Das Wesen des Restes ist es, kein Ganzes zu sein.
Ich bin ganz gut so weit,
doch besser noch zu zweit.
Gib mir den Rest, und mach mich ganz und gar.

Ich geb dir mein Wort.
Mich kannst du dann behalten.
Mich kann man halten, drücken und umarmen.

Das Wesen der Umarmung ist es, einen Kern zu umschließen.
Du bist der Kern der Sache,
doch Sache klingt so distanziert.
Du bist ein guter Kern.
Ich bin ein guter Kerl.
Du bist der Kern, der mir ganz nah,
ganz nah, ganz gut so weit,
doch besser mit Verbundenheit.
Bist du des Pudels Kern – lass mich dein Knuddler sein.
Bist du des Rudels Stern – lass mich die letzte Nudel sein.
Die dir den Rest gibt, der dir noch fehlt,
um ganz perfekt zu sein.

Ich geb dir mein Wort, und das was in mir steckt.
In mir steckt weder Teufel noch Detail,
in mir steckt allerlei Überraschendes.
Das Wesen der Überraschung ist es, unvorhersehbar zu sein.
Ich bin dir dein Rund-um-die-Uhr-Happy-Hour-Unvorhersehbarkeeper,
lass dir von mir reinen Wahn einschenken.
Wahn ist der sechste Sinn,
Wahn ist in Maßen eingesetzt, ein Spaß, der ohnegleichen.
Das Wesen des Spaßes ist es, ein lockeres Verhältnis zu Freund Ernst
zu unterhalten.
Das Wesen des Spaßes ist es, zu unterhalten.
Gut, unter Haltung lässt sich auch etwas Restriktives verstehen:
Bodenhaltung, Käfighaltung, Zwinger.
Doch für uns soll immer gelten:
Lieber Lugner-City-Swinger-Club als Geldblödjob-Karrieredruck.
Wir unterhalten einander anders.
Geht dein Mund auf, dann wird's bald bunter.
Hältst du mich aus – halt ich dich unter.
Und unter mir ist's ganz gut Kichererbsen essen.
Unter mir ist – unter uns gesagt – noch kaum mal wer verhungert.
Wohl wahr, ganz gut so far,
doch gerne auch für immerdar.
Ich geb dir – du weißt schon was – alles und mein Wort.

Jetzt gar mit Schmalzanstrich.
Ich will dein Herz und für dich Sorge tragen.
Ich will dich auf und in den Arm nehmen.
Ich will in und mit dir auf- und untergehen.
Und das, was in mir steckt,
könnte auch dich befruchten.
Das nennt man wohl frivol,
ich nenn's wahre Lust an dir.
Werd meine einzig Wahre,
werd wahr für mich. Wahr mit h
Wahr mit Haar, Harn und Haftschalen, wenn sie denn dann
irgendwann mal notwendig sein sollten.
Wahr mit Augenbrauenurwald, Achselhaarlianen, Uterusverbuschung
und gut verzweigtem Gedankengestrüpp.
Werd wahr für mich mit ruralen Ritualen, urbanen Neurosen und
vegetarischen Marotten.
Das Wesen von ruralen Ritualen ist ihre Beständigkeit.
Das Wesen von urbanen Neurosen veranschaulicht das Gesamtwerk
von Woody Allen.
Und das Wesen von vegetarischen Marotten wäre einen eigenen Text
(mit dem Titel: Soja – So nein, so nicht!) wert.
Wärst da nicht du, die du die Zuneigung verdientest, nein, verdienst
für immer.
Du, das Wesen dieses Textes, der Schreibgrund und der Wortschatz.

Ich hab dir soeben 481 zusammenhängende Worte gegeben, um dich
für mich zu stimmen, verspreche dir aber – so ich dir nicht genehm –
trotzdem nicht nachtragend, eher nachhaltig zurückhaltend zu sein.
Denn ich verspreche mich gerne und geb dir gern mein Wort.
Damit du das letzte hast.

VERHEIRATET
Ich spreizfüße in deine Tür,
und angel mir
den Schlüsselbund
fürs Leben.

Punktewertung Herren					
Ranking	1	2	3	4	5
	6	7	8	9	10
Der Liebe für immer abgeschworen: 0					

Geh mit Kant, aber geh

Kant wurde mir empfohlen. Meine sehr gute Freundin Angelika, *Änschi*, wie sie sich gern genannt hört, schwört auf Kant. »Ohne Kant«, verworrener Blick, Pusten auf lackierte Fingernägel, Händewacheln, »ohne Kant könnt ich nicht mehr.« Dann wird geheimnisvoll pausiert, noch mal auf die Fingernägel gepustet, das Thema gewechselt, aber nicht für lang, und am Ende unseres Lunchs bin ich überzeugt: Ohne Kant geht gar nichts.
So wie Änschi redet, was Kants Stellenwert in Änschis Leben betrifft, könnte Kant von Beruf Scheidungsanwalt sein. Änschi lebt nach der Devise: *She never found a job, where she wasn't fired, but she never found a town, where she wasn't hired.* »Die Welt ist groß genug für mich«, sagt Änschi gern. Ihr Job ist Ehefrau, ihre Arbeitsmoral sammelt ordentlich Flugmeilen für sie, Änschi ist Weltbürgerin, sie ist in Maßen monogam, soll heißen nie für lang monogam, aber erstaunlich häufig lang genug, für einen Ring mit ein paar Gramm Diamant drauf. Die später erfolgende Scheidung füllt ihre Portokasse. Änschi hat ihre Nische im Arbeitsmarkt gefunden. Aber zurück zu Kant, besser gesagt, zurück zu mir.
Ich brauche keinen Scheidungsanwalt, bin nämlich Single. Kant wäre ein schlechter Scheidungsanwalt, er glaubt nämlich an die Liebe. Kant glaubt an die Liebe, an die *wahre*, *echte* und *große* Liebe, die mit dem L, das so groß geschrieben wird, dass es von der Tiefe des Marianengrabens bis zur Unterseite der Wolke 7 reicht. Kant glaubt außerdem an *äußere Werte*. *Die große Liebe*, so Kant, *braucht eine Einladung zum Verweilen.* Großporige Haut wäre so das Gegenteil einer offenen Tür, ein abgesenktes Hinterteil wäre die Senkgrube der Leidenschaften, so viel wäre a priori gewiss.
»Aber«, sag ich.

»Nichts aber«, sagt Kant, »bist du Single oder nicht? Liegt das an deinem unausstehlichen Charakter oder an deinem Schwimmreifen um die Hüfte? Hopphopp. Wievielte Kniebeuge?«
»5«, sag ich.
Kant ist Bewegungsberater.
»6«, sag ich.
»7«, sag ich.
»Sag mal«, sagt Kant. »Zählst du nur? Deine Webcam ist kaputt. Ist das Absicht? Deinen Bewegungsberater anzuschwindeln, das ist doch die Höhe, das wird später mal als Todsünde abgerechnet.«
»Kant, was sollen die ollen Katholenmetaphern?«
»An deiner reinen Vernunft kann ich ad hoc nur Kritik üben«, sagt Kant. »Mit *später* ist nicht das Jenseits gemeint. Oh nein, *später* ist im Heute und Hier nur *ein wenig später,* und dein Petrus, also der, der mit einem Fingerzeig für ein Schlüsselerlebnis sorgt, der bin *ich*.«
»15«, sag ich.
»16«, sag ich.
»17«, sag ich.
Es passt zu Änschi, dass der von ihr empfohlene Bewegungsberater online arbeitet. Eine Jet-Set-Biene, die verhindern will, dass ihre Figur sie zu einer Jet-Set-Hummel macht, braucht einen Personal Trainer, der immer und jederzeit erreichbar ist und immer und überall zur Verfügung steht.
»Das Internet«, verworrener Blick, Pusten auf lackierte Fingernägel, Händewacheln, »hat mein Leben revolutioniert.«
Änschi und ich skypen gerade, ich versuche sie dazu zu überreden, zum Maturatreffen nach Vöcklabruck zu kommen. Änschi lacht gelangweilt, ihr Skype-Icon zeigt sie vor einem Dubaier Wolkenkratzer, das Haupthaar hat sie dezent verhüllt; der diesmalige Diamant wiegt wohl mehr als ein paar Gramm, aber ich hoffe, dass sich ihr Scheidungsanwalt auch im Dubaier Scheidungsrecht auskennt. »Und, wie findest du Kant?«

Kants Stimme dröhnt in meinen Ohren. Ich habe mir eine Freisprechanlage besorgt und powerwalke durch den Prater. Kant motiviert mich, indem er mich über meine Dates ausfragt. Seit Kant

habe ich wieder Dates. Leider habe ich keine erfolgreichen. Schritt für Schritt hecheln wir das letzte Date durch.
»Pünktlich im Lokal war er«, sag ich.
»Hat er dich nicht abgeholt?«, fragt Kant.
»Unterhaltsam war er«, sag ich.
»Hat er dir Fragen gestellt?«, fragt Kant.
»Hmpf«, sag ich.
»Er hat also nicht mehr angerufen«, sagt Kant.
Nach einer kurzen Pause, ich nehme an, Kant hat den Prater gegoogelt und berechnet meine Gewaltmarschroute neu, schickt er mich beim Heustadlwasser nach rechts und befiehlt mir Beschleunigung.
»Das werden wir schon noch sehen«, sagt Kant.

»Ich könnt nicht klagen«, sag ich zu Änschi. Kant rufe mich neuerdings jeden Tag um 4 Uhr 45 an, rufe: »Es ist Zeit!« in mein verschlafenes Ohr und verdonnere mich zu Pilatesübungen bei Regen und zu Hochgeschwindigkeitsspaziergängen bei Schönwetter. Änschi gibt zu, ihr Handy gelegentlich auf lautlos zu stellen, wenn ihr danach sei. Kant gegenüber rechtfertigt sie diese Praxis mit den Schlafgewohnheiten des die Kant'schen Rechnungen zahlenden Scheichs, mir gegenüber gesteht sie egoistischere Gründe ein. »Ausreichender Schlaf war immer schon ein Schönheitsrezept«, gurrt sie in die Glasfaserleitung, ihre Fingernägel bleiben diesmal unbepustet. Vöcklabruck, das könne ich mir übrigens abschminken, das käme überhaupt nicht in Frage.

»Manchmal macht mich Sex traurig«, gestehe ich Kant bei einem der nächsten Spaziergänge.
»Er hat also doch wieder angerufen?«, fragt Kant.
»Nein, hat er nicht. Ein anderer. Ist so passiert.«
»Beim ersten Date doch nicht«, entsetzt sich Kant.
»War kein Date«, entgegne ich. »War Shopping.«
Nach meinem letzten Gespräch mit Änschi hab ich jede Hoffnung fahren lassen, ich fahre jetzt also allein nach Vöcklabruck, um die Schäden in den Gesichtern und Silhouetten der Menschen in Augenschein zu nehmen, die mir meine Jugend zur Hölle gemacht

haben, immer hoffend, dass sie größer sind als die Risse in der eigenen Fassade. Änschi hätte meine Rückendeckung sein sollen, Änschi hätte das zurückgeworfene Spiegelbild verzerren sollen, Änschi hätte mein bisschen Glamour des Weggegangenseins mit ihrem Dubaier Diamanten erhärten sollen. Wenn schon keine Änschi, dann brauch ich ein Panzerkleid. Deshalb shoppen. Und der junge Verkäufer hat sich als doch nicht schwul herausgestellt, der Ort für einen Quickie dafür als außerordentlich bedachtlos gewählt.
»Du hast in einer Umkleidekabine? Bist du wahnsinnig?«, ereifert sich Kant. »Weißt du nicht, wie fies die Spiegel darin sind?«
»Jetzt schon«, sag ich.
»Bei wie vielen Sit-ups stehen wir?«, fragt Kant.
»43«, sag ich.
»44«, sag ich.
»45«, sag ich.
»Ich glaub, du schwindelst«, sagt Kant. Dann sagt er: »0«.
»1«, sag ich.
»2«, sag ich.
»Brav«, sagt Kant. »Hast du das Kleid dann eigentlich gekauft?«

»Ist es möglich«, sag ich zu Kant, »dass wir wirklich so an der Oberfläche kleben?«
»Hat dich Vöcklabruck aus deinem dogmatischen Schlummer gerissen?« Kant versucht witzig zu sein und sitzt, nehme ich an, vor dem Wikipedia-Eintrag seines Namensvetters.
»Wir werden alt«, sag ich.
»Ich nicht«, hat Änschi neulich beteuert, aber dann doch zugegeben, dass sie gar nicht so viel dagegen hat, in Dubai nicht ständig in der Bikinifigur rumtänzeln zu müssen. Von Vöcklabruck wollte sie nichts wissen. Ich will von Vöcklabruck auch nichts mehr wissen, die flachen Beteuerungen der jeweiligen Erfolge und die Überhöhungen der geteilten Erinnerungen an früher haben bei mir einen Knoten im Magen hervorgerufen, der zu einem vorbildlichen Diätverhalten geführt hat und zu schlechter Laune.
»300 Sit-ups«, verordnet Kant.
»Bist du wahnsinnig?«, donnere ich zurück.

Ich hab keine Schokolade gegessen, ich hab meinen Kaffee schwarz und ungesüßt getrunken, ich ernähre mich von Frust und frischen Früchten.
»Und der Vöcklabruck'sche Alkohol?«, donnert Kant zurück.
»1«, sag ich.
»2«, sag ich.
»Brav«, sagt Kant.

»Hast du von Änschi gehört?«, fragt Kant beim überüberübernächsten Work-out. Ich schüttle den Kopf, ich versuche meinen linken Arm vor mir, mein rechtes Bein hinter mir zu balancieren und dabei keinen Rundrücken zu machen. Meine Stimmbänder zu bedienen, überfordert mich multitasktechnisch.
»Ich mach mir Sorgen«, meint Kant. »Wir haben schon länger nicht trainiert, das passt nicht zu Änschi.«
Hoffentlich hat ihr Mann ... hoffentlich noch Bewegungsspielraum ... hoffentlich guter Scheidungsanwalt ...
»Vielleicht lieben sie sich ja, vielleicht poliert Änschi weniger an ihrer Oberfläche, weil sie glücklich ist.«
»Sei nicht geschmacklos«, entgegnet Kant und beginnt mit seinem Markenzeichen. »Was ist der Mensch?«, fragt er.
»Fehleranfällig und verfallsgefährdet«, antworte ich, kantisch indoktriniert.
»Was kann ich wissen?«, fragt Kant.
»Tomate, 17 Kalorien bei 100 g; Kürbis, 25 Kalorien bei 100 g; ein After Eight, 45 Kalorien; Wasser trinken macht schön, Alkohol trinken eher nicht.«
»Was soll ich tun?«, fragt Kant.
»Sit-ups, Pilates, Powerwalking, Schwimmen.« Ich wische mir mit meinem T-Shirt-Ärmel über die Stirn. »Was darf ich hoffen?«, frag ich. Die Antwort darauf bleibt Kant mir schuldig. »Gib Bescheid, wenn du von Änschi hörst, ja? Und schreib eine SMS, wenn du mit dem Programm durch bist. Wir hören uns morgen.«

Punktewertung Damen					
Ranking	**1**	**2**	**3**	**4**	**5**
	6	**7**	**8**	**9**	**10**
Verwirrt, vernarrt oder verka(n)nt: 0					

Verschlissen.
Verschissen.
Verlassen.
oder einfach ein meiner Ex gewidmeter Text mit dem Titel: Schleich di!

VERSCHLISSEN
Ich hab Reifen angelegt.
Du gehörtest auch gewuchtet.
Wir sind ein glatter Verhau.
Wir eiern.
Die Liebe ist längst aus dem Sack.
Das Reserverad im Kofferraum
ist ein Kind von schlechten Eltern.

VERSCHISSEN
Wir haben einen Platten.
Und je einen Kurschatten.
Deiner ist Scheidungsanwalt.

VERLASSEN
Gesetzt den Fall eine Trainerin ist eine, die will, dass ich will, dann bist du die Trainerin meiner Entschlusskraft.
Du willst also, dass *ich* Schluss mit uns mache, um es nicht selbst tun und dich dann schlecht fühlen zu müssen. Tolle Idee, Hauptsache, *dir* geht's gut.
Du spielst mir den Ball zu, gibst mir den Laufpass, der eine unerreichbare Steilvorlage ist und lässt mich vollstrecken.
Eigentor und Rote Karte für mich gleichzeitig. Bravo, ich mach gleich die Welle!

Aber von mir aus, dein Wille geschehe, wie er ja schon immer geschah. Bitte sehr, ich mach also Schluss.
Schluss mit dir und deinem aufgekratzten *Schaa-aatz*-Gewinsel.
Schluss mit deiner Leidenschaftlichkeit auf Abruf, Vorrat, Knopfdruck und deinen unmotivierten Polygamieanflügen aus heiterem Beziehungshimmel.
Schluss mit dir und deinem *Wir-müssen-ein-neues-Partnerschafts-Level-erreichen*-Gesülze.
Schluss mit deinen überdrehten Gute-Laune-Verbreitungsgesten und deiner *Basilikum-braucht-man-nicht-waschen*-Klugscheißerei.
Schluss mit dir und deinem *Den-Gefühlstransfer-in-den-Gesprächspausen-muss-Mann-erkennen-können*-Gefasel.
Schluss mit deinen *Mein-Papa-hat-das-aber-anders-gemacht*-Behelligungen und deinen *Willst-du-dich-nicht-auch-weiterbilden?*-Vorwürfen. Schluss! Aus! Basta!

Oh, wie bin ich froh, dich nicht mehr sehen zu müssen:
Dich, mit deiner affigen Retrostyleaffinität, mit deinen affektierten Selbstironiesignalen via Augenbrauenspiel, deinem *Ich-bin-hier-beachtet-mich*-Imponiergehabe, deiner breitbeinig zu Markte getragenen *Ich-weiß-was-ich-will*-Entschlossenheit und deiner zart gepuderten Freigeistattitüde.

Oh, wie bin ich froh, dich nicht mehr ertragen zu müssen:
Dich, mit deiner Bonuspunktesammelkarten-Treue, mit deinem daueraktivierten Schnäppchenradar, mit deinem Versteckspiel hinter Internetpseudonymen, deiner großstadtgestählten Prallschutzaura und deiner Proseccosprudelhaftigkeit.
Oh, wie bin ich froh, dir sagen zu können:
SCHLEICH DI! (*alle*)

Wie hab ich dich Dauerdämmerzustandstussi bloß so lange ausgehalten?
Was hast du, Lahmarschkuh, mir für einen verstandzersetzenden Floh ins Hirn gesetzt?
Du, mit deinem allumfassenden Halbwissen, mit deinem

Marshmallowrückgrat in brenzligen Situationen und deiner Softeisstandhaftigkeit, gefasste Entschlüsse betreffend.
Du, mit deinem eigennützigen Facebook-Fanatismus, deiner unbedingten Karrierehellhörigkeit, deinem seelenlosen Kopierverhalten von Erfolgsmustern und deinem ach-so-nachhaltig-pseudoökologischen Fußtrittgehabe.
SCHLEICH DI!

Wie konnte ich Depp bloß so einen Narren an dir fressen?
Wie hast du, Zeitgeistzecke, aus mir bloß so einen Hirntodzombie gemacht?
Du, mit deinem *Hornhaut-muss-weggebimssteint-werden*-Tick.
Du, mit deiner repressiven Fürsorglichkeit in Gesundheitsbelangen.
Du, mit deinem Herz für die Welt und deinem Hohn für die Nachbarn.
Du, mit deinem *Wir-haben-es-verabsäumt-gemeinsam-an-unserer-Partnerschaft-zu-arbeiten*-Analysegewäsch.
Du, mit deiner katholisch indoktrinierten Schuldbereitschaft.
Du, mit deiner *Ich-denke-unsere-Beziehung-ist-an-einem-toten-Punkt-angelangt*-Sachlichkeit.
Du, mit deiner Fahrlässigkeit im Marmeladeglasverschließen.
Du, mit deinem absichtlichen Krümeln beim Essen im Bett.
Du, mit deiner rücksichtslosen Frühstücksplauderheftigkeit und deiner ach so gut gemeinten 2-Tage-die-Woche-Alkohol-Abstinenz.
SCHLEICH DI!

Du hängst mir beim Hals raus, verschmalzt mir die Ohren, verklebst mir die Augen, machst meine Nase laufen: weit, weit weg. Weg. Aus. Und nie mehr wieder: Du. Ich. Wir. Ja, klar, toter Punkt: Doppel-toter-Punkt mit AUS-AUS-AUS-Rufezeichen!
Ach, wie bin ich froh, dass du willst, dass ich die Eier haben soll, unsere Lebensabschnittsfarce zu beenden. In solchen Dingen war ich ja bisher ein blindes Huhn, nein, ein tauber, lahmer Hahn, ein Aua-Ochs.
Danke, für diesen Anstoß.
Danke, dass du das in die Hand genommen hast.
Du hast ja ohnehin immer alles kontrolliert, du Kommandowuchtel, du Borste, du Warze, du Pickel, du Borkenkäfer meiner Gehirnrinde,

du Kohlweißling meines Krautkopfs, du Planierraupe meines Fantasiegartens, du selbstherrliche Kompromisslosverkäuferin, du Geisterfahrerin in meiner Autodidaktenlaufbahn, du dich immer wieder selbst aufhängende Festplattheit, du Bildschirmschoner deines Flachbildhirns, du automatisierter Strg-Alt-Entf-Griff ohne dich je einzufügen, du vorsätzliche Sexzechprellerin, du literaturtheoriegefickte Dialektik-Schnitte, du popdiskursversaute *Spex*-Apologetin,
du, du, du ... Rosamunde-Pilcher-Leserin.
SCHLEICH DI! SCHLEICH DI! SCHLEICH DI!

Und komm mir jetzt ja nicht mit: *Wir können ja Freunde bleiben*. Das Beziehungsdienstverhältnis ist für immerimmerimmer gekappt, getrennt, aufgelöst. Du hast es so gewollt.
Du Trainerin, ich Präsident des SCMS, des Single-Clubs-Meiner-Selbst.
Such dir ein anderes Feld zum Spielen, eine andere Einmannschaft.
Du Abstoß, du Pressball, du rote Schwarte!
Du bist raus, gefeuert, fristlos!
Aus. Schluss. Basta.
SCHLEICH DI!

Punktewertung Herren					
Ranking	1	2	3	4	5
	6	7	8	9	10
Affektiert, karrieregeil und seelenlos: 0					

Gute Partie

Ich bin, glaub ich, eine gute Partie.
Mit mir kann man gut Kirschen quälen,
ich mache dir zu deinem Bonnie den Clydekauf und
ich raufe mich für dich im Regen nicht vom Schaufenster los.

Ich bin, glaub ich, eine gute Partie.
Ich weiß dir ausgesucht gut aussprechbare Anmachsprüche aufzusagen,
z.B.: Ich weiß nicht, was soll es bedeuten, dass du so knausrig bist.
Oder: In deinen Augen verliert sich jede Spur von intelligentem Leben.
Oder: Hey, Tarzan, ich bin ein Jane-Saw-Massaker; Jane kam, saw und siegte: Also ergib dich besser gleich.

Ich bin, glaub ich, eine gute Partie.
Ich hab Altlasten, die keinen kalt, doch dich dafür alt aussehen lassen.
Ich bin die Haarspaltung zu deinem Sugar-Daddy-Schuppenproblem.
Ich mach dir deine Dagmar Lagerkoller, ich bin dir gern dein Helm und Schildbürgerstreich.

Ich bin, glaub ich, eine gute Partie.
Ich bring als Mitgift Einweckgläser voll mit voll nach oben gezogenen, gewieft gelifteten Hautpartien ein.
Ich bin die Schlaftablette unter den Liebschaften, mit mir ist so gut Mohn einnehmen.
Weck mich nicht, ich einwegspritz gelegentlich in aller Früh schon Gift aus allen Ritzen.

Ich bin, glaub ich, eine gute Partie.
Im Partykeller stapeln sich leichenweise Kleingeister, eingeteilt nach einem strengen Wer-leiht-mir-denn-vielleicht-noch-etwas-Zaster-Raster.

Im Schrank rosten nicht sehr alt gewordene, Gestalt gewordene und dann zu Bruch geworfene Versprechensversuche. Ich habe ein Versprechengebrechenproblem, doch kann mir niemand mangelnde Motivation vorwerfen, wart, ich versprech's dir nochmal ...

Ich bin, glaub ich, eine gute Partie.
Ich bin wie Rotwein: Wenn du zu meinem Topf der Deckel bist, kann ich nicht atmen.
Ich bin wie Rottweiler: Ich will nur spielen.
Ich bin ein Augenblickverweilverweigerer, hab's trotzdem faustdick hinter den Ohren – wenn du's nicht glaubst, frag doch den Aufgepudelten da drüben.

Ich bin, glaub ich, eine gute Partie.
Deine Würfel lass ich fallen, so schnell kannst du gar nicht »Rien ne va plus« sagen.
Deinen Sportwagen will ich lieber in Plüsch haben, und fahr mit ihm, ganz ohne dich zu fragen, zum Stoffladen; der Parkschaden, der so entsteht, ist zwar ein Schadensfall, doch versichert dir meine Verweigerung, wer diesen trägt.

Ich bin, glaub ich, eine gute Partie.
Ich flechte Nebensatzzopfungetüme, die gehen durch kein Nadelöhr, ich bin Parteilöwenmähnenbändiger, ich fahr mit meinem Rasenmäher straff geführte Schlangengrubenlinien durch deinen Hintergarten und mähe gähnend Mahnmale auf Halbmast, mach auf überhammerhart: Geh bitte, Oida, steh bitte, wenn ich's sag, Hab acht!

Ich bin, glaub ich, eine gute Partie.
Ich bin Verdachtslenkfeuerwaffe: du Arsenal? Ich Ösi-Fußball!
Wenn der Spielstand dann zu meinen Gunsten steht, weißt du:
Hier ist was foul.
Ich bin ein Wettbürokrat: Dein Einsatz ist mein Extra, ich leg ein vierblättriges Deckblatt über den Teppich, unter den ich meine Wettabsprachen kehr, und du sagst dann: Na, das ist wieder tipico.

Ich bin, glaub ich, eine gute Partie.
Ich erheb das Schwiegermama-auf-die-Palme-Bringen in den Um-Fassung-ring-Rang
Ich riech den Braten, den du in die Röhre schieben willst, und greif zum Riechsalz – deine Absichten mögen ehrenhaft sein, doch sie riechen etwas alt.

Du bist, glaub ich, auch für mich eine gute Partie.
Du bist der tarzahnloseste unter den Säbelrasselklapperschlangen, du plapperst nicht lang, doch wenn du zubeißt, bleibt mir nicht einmal ein Knutschfleck.
Deine Bonnietät macht mich zur Leider-nein-Clydekaufkraft, wenn ich – ganz Suggardaddytöchterchen aus gutem Haus – nach deinen Plastikkarten frag, dann haust du ab, und ich steh da, wie aus der Mode gekommen.

Du bist, glaub ich, eine gute Partie für mich.
Du bist wie Blaukraut: Wenn man man dich ausquetscht, färbst du ab.
Du bist wie Blausäure: ein bisschen farblos, doch mit bittermandelartigem Geruch.
Dein Alter Ego ist ein Hut, der Löcher hat, weshalb dir eine kalte, steife Brise die Stirnfalten hinab bis in den Stiernacken zieht.

Du bist, glaub ich, auch für mich eine gute Partie.
Mit uns ist so gut Pferdeherden stehlen,
mit dir will ich die Beute verhehlen.
Für dich würd ich sogar das doppelte Buchführungslottchen machen, wenn das für uns ein Lotterleben finanziert, mit einem Extraposten für das Fersengeld, wenn's einmal brenzlig wird.

Punktewertung Damen					
Ranking	1	2	3	4	5
	6	7	8	9	10
Nur wegen der guten Partie: 0					

Utopie mal Daumen

Ich bin Utoptiker, ich mache Menschen Utopien sehen.
Der Utopie-Astigmatismus der gemeinhin Verblendeten ist ja beträchtlich. Ich will nicht utopingelig sein, aber das Problem beginnt eben genau damit, kein entsprechendes Vokabular, keinen Blick für das Nirgendwo, den glücklichen Nicht-Ort zu haben. Das Schöne und das Utobiest will erkannt werden, sag ich immer. Das Dystopische und das Braintropische auch.
Sie wissen nicht, was braintropisch ist? Keine Schande. In der Welt des Utoptikers geht es wie auch sonst in allen Spezialgebieten um die Prägung von Fachterminologie. Dafür braucht es ein philologisches Sensorium. Denn die Grenzen deiner Sprache sind die Grenzen deiner Welt, wusste schon ein anderer. Und will man vordringen in nicht wirklich existierende Sphären, braucht es ein grenzüberschreitendes Vokabular, eine wagemutige Syntax und Forschergeist.
Expressivität beats Grammatikalität anytime! Surrealität schlägt die schnöde Wirklichkeit um Längen, und Augenblickskomposita sind des Utopikers Spezialität.
Braintropisch heißt übrigens soviel wie *hirnverbrannt*.

Wie das alles angefangen hat, wollen Sie wissen? Na ja, wie soll ich sagen, unvermittelt, ohne Vorboten. Auf einmal fielen mir Worte aus dem Mund und öffneten mir die Augen. Worte wie: Idealismus / Genossenschaftssozialismus / Gütergemeinschaft / Zukunftsgesellschaft / Schokolade / 25 Jahre Besteckschublade / Wärmestrom / Gedankenkonstruktion / Klassenlosigkeit ...
Utobist du gscheit, hab ich blöd geschaut. Mich aber dann gleich darangemacht, zu handeln. Ich bin überzeugter Utopiker. Ich öffne gerne Augen. Zum Beispiel deine.

Stell dir vor, alle arbeiten in Zukunft für Spaß und Anerkennung – nicht für Geld.
Stell dir vor, Arbeitswerte sind der neue Bewertungsmaßstab – nicht Marktpreise.
Stell dir vor, jede Arbeit ist gleich viel wert.
Stell dir vor, alle machen das, was sie am besten können.
Stell dir vor, du kannst etwas, was er/sie/es nicht kann.
Sagen wir zum Beispiel, du kannst Bergsteigen, aber keine Geschirrberge abbauen. Oder du kannst mit Worten, hast aber nichts zu sagen. Oder du kannst Erbsen zählen, aber keine Erbsen pflanzen. Oder du kannst kein Holz, dafür aber Computer hacken.
Sagen wir, du hast ein Talent, das erkannt, gehegt, gefördert wird.
Nehmen wir an, die Gesellschaft baut auf dich und dein Talent.
Nehmen wir an, Fairness zwischen den sozialen Schichten und Toleranz zwischen den Kulturen und Ethnien sind Fakt.
Nehmen wir weiter an, die Gesellschaft hat Formen der Entscheidungsfindung entdeckt, die geeignet sind, Ressourcen und Gemeingüter gerecht zu verwalten und zu verteilen.
Nehmen wir an, die Nord-Süd- und Geschlechter-Gerechtigkeit ist erreicht.
Nehmen wir außerdem an, dass wir mit der Natur wieder auf Du und Du sind, und dass Wissen wie Computercodes, Chemieformeln, Kochrezepte, etc. gemeinsam verwaltet und die Produktionsmittel vergesellschaftet werden.
Und jetzt stell dir vor, du brauchst dir das alles gar nicht vorzustellen, weil es so *ist*. Stell dir vor, dass wahr wird, was bis dato unvorstellbar war. Gehen wir von all dem aus, tauchen wir weiter ein und vertiefen wir. Basisutopia wäre gewissermaßen definiert, jetzt geht's um den Feinschliff. Jetzt geht es um die individuelle Filiale von *Big Mama Utopia*. Jetzt geht's um *dich*. Um die dir auf den Leib geschneiderte Insel, dein Paradies. Wie soll es beschaffen sein?

Meinst du mich?
Ja, du. Was machst du gern? Was kannst du gut?
Gute Frage.
Ich weiß, danke. Also?

Ich denke gerne nach und zweifle alles an.
Soso. Hm, ja, schwierig. Kannst du vielleicht ein typisches Beispiel geben?
Klar. Also: Die Krise ist ein Phänomen. Phänomene sind schwer greifbar. Gefühle sind Bewusstseinsphänomene. Gefühle lassen sich nicht fassen, nur treffen. Die Krise scheint alle zu treffen. Ist die Krise ergo ein starkes Gefühl?
Hm. Ja, okay. Stark argumentierte Frage. Sagen wir also, du kannst richtig gut Sachen auf den Punkt bringen und Fragen stellen. Okay?
Meinetwegen.
Gut. Fühlen wir dir noch etwas weiter auf den Zahn. Machen wir eine Wurzelbehandlung. Gib uns einen Satz zu deinem aktuellen Arbeitsalltag. Lass dir ruhig Zeit für die Antwort.
Das lässt sich machen. Arbeitsalltagsumsatzung 1 – und Klappe:
Vom Zeitmörser zerstößelt,
von der Gewohnheitsmühle klein gemacht,
die Lebensgewürzmischung zerbröselt, zerhackt, verschwendet.
Ähm ... danke! Traurig, traurig aber schön gesagt, poetisch.
Wir haben es hier also mit einem Dichter zu tun. Chapeau, chapeau und ein Hoch auf starke Gefühle! Ich sag aber auch: Ein Hoch auf ab und zu Heiterkeit! Wider die Lebensweltverwandlung in Depressions- und Melancholiezonen. Wider die öffentlich-rechtliche Unterhaltungsniveaubremse. Alle haben das Recht, so zu leben und wirken, wie es ihnen beliebt. Und unser Freund hier liebt offenbar die Sprache. Erdenken wir uns also ein ... tätärätätä ... erdenken wir uns ein LOGOTOPIA.

In Logotopia wird in Worten bezahlt, nein, bezahlt wird eben *nicht*, es wird eher getauscht, also eingewortet, umgewortet, aufgewortet. Logotopia ist die Nachbarinsel von Technokroatien.
Logotopia und Technokroatien sind ein bipolares System, sind kommunizierende Gefäße. Logotopia beliefert Technokroatien mit Worten. Nach Logotopia kommt man freiwillig, wenn man Worte loszuwerden hat.
Logotopia legt den Wert von Waren und Dienstleistungen nämlich in Worten fest. Eine Registrierkasse aus Technokroatien prüft die

Originalität der Worte. Ein schöner Satz entspricht einer Extrawurstsemmel mit Gurkerln. Zum Beispiel:
Erfüllung ist die Marillenmarmelade des Faschingskrapfens Leben.
Ein Schnitzel gibt's für einen gelungenen Endreim. Zum Beispiel:
Herr Ober, keine Orange! Ich wollte eine Melange, ey!
Beilagen kriegt man schon für originell zusammengesetzte Hauptwörter. Zum Beispiel: *Gedankenstulp.*
Ein Schüttelreim pro halbe Stunde reicht in einer Kneipe aus, um immer ein volles Glas zu haben. Zum Beispiel ... Nein, da verrate ich jetzt keinen, sonst trinkt mir später wieder wer mein Bier weg!
Am Ende des Monats werden die Tagebücher – alle in Logotopia Lebenden führen ein Tagebuch – eingesammelt, ausgewortet und der Vorlassverwalterschaft übergeben. Diese kümmert sich um eine gesamtgemeinschaftliche Einbringung der gesammelten Wortschätze.
Am Ende des Tages sind alle glücklich.
Logotopia ist eine NGOVB, eine *non governmental organization for you to be.*
N wie Nirgendwo, G wie glücklich, O wie Ort, VB wie Vollbeschäftigung.
Also auf, auf nach Logotopia! Kommet zuhauf, kommet und verwortet euch.
Ja, du auch. Du utobist die und der Richtige.
Überzeugt?

Punktewertung Herren					
Ranking	1	2	3	4	5
	6	7	8	9	10
Utopielos, ohnmächtig, technokratisch: 0					

Occupy Utopia!

Zieh das **U**uuuuuuuu lang
stot-t-t-t-t-t-t-er doch das **T** ab, bevor die Zinsen fällig werden
überrasch dich mal selbst: **O**!
Probier diii**I**ich aus.
Das machst du **E**eeeh?
Reden wir darüber ...

Es war ja an und für sich eine gute Idee. Der Wunsch nach einem besten Zustand im Staat. Alle sind gleich, alle sind gleich arbeitsam, alle sind gleich hungrig nach Bildung, nach Gerechtigkeit, nach Selbstverwirklichung, nicht nach Macht, eher schon nach Machbarkeiten. Jeder Mensch ist eine Insel, mit einer Spannbreite von Bishop Rock bis Grönland, ist eingebunden in eine Bogenkonstruktion, egal, ob auf Festland gebaut oder mitten im Ozean: Das ist Gesellschaft! Und wenn sie ideal ist, gibt es Platz und Arbeit und Essen und Kleidung und Kunst und Sex für alle. Selbst Alcatraz hat seinen Platz, sogar die Murinsel erfüllt ihren Zweck. Und jedes Atoll, jede Vulkaninsel und auch jede aus Koralle ist unantastbar in ihrem Streben nach Glück, in ihrer Würde, in ihrem Recht auf Unversehrtheit, in ihrem Recht auf Schutz vor Atombombentest-versuchen, in ihrem Recht auf das Tragen von Bikinis, oder eben nicht. Geld gibt es keins.
Die Utopie regelt sich selbst, so wie der Markt es nicht tut.

Zieh das **U**uuuuuuuu lang
stot-t-t-t-t-t-t-er doch das **T** ab, bevor die Zinsen fällig werden
überrasch dich mal selbst: **O**!
Probier diii**I**ich aus.
Das machst du **E**eeeh?
Reden wir darüber ...

Im Alltag gilt die Armutsvermutung, nicht nur auf den Inseln weit weit weg. Im Süden, im Osten, im Westen nichts Neues: Obdachlosigkeit, überteuerte Bildung, ein seltsames Wahlrecht und Gesundheitssystem.
Occupy Utopia!
Doch auch bei uns, in Österreich, dieser Insel der Seligen, gilt: Die Armut ist unter uns. Wir sind die 99 Prozent und löffeln Suppen aus, von denen wir wünschten, es hätte jemand was hineingebrockt, mit mehr als einem Minus davor.
Kusch du mal, sagt der Markt, zahl den Kindern Taschengeld!
Kusch du mal, sagt der Markt, investier in die Pensionen der Alten!
Kusch du mal, sagt der Markt, zahl unsere Schulden zurück, begleich die *Credit Default Swaps,* was immer das ist. Finanzier den Haircut, verkauf dein Trinkwasser, importier Atomstrom, der ist billiger!
Willkommen im real existierenden Generationenvertrag.
Die Gewinne sind privatisiert, die Schulden lasten auf staatlichen Schultern, und jetzt plötzlich, jetzt wo's ums Zahlen geht, wären der Staat wieder *wir*.

Zieh das **U**uuuuuuuu lang
stot-t-t-t-t-t-er doch das **T** ab, bevor die Zinsen fällig werden
überrasch dich mal selbst: **O**!
Probier diii**l**ich aus.
Das machst du **E**eeeh?
Reden wir darüber …

Die Utopie ist ein Ankerkind.
Sie hat schon das Vierfache ihres Geburtsgewichts erreicht, sie schläft schon durch, isst mit Messer und Gabel, mit Stäbchen, mit Hammer und Sichel, isst Halbmondkekse, nimmt Kreuze auf sich und kann schon »Manna für alle« sagen.
Die Politik hat mächtig Angst vor ihr und wehrt sich mit Paragrafen, mit Terrorverdachtsmomenten, die sich immer dort erhärten, wo es praktisch erscheint und es die Staatsräson empfiehlt,
wehrt sich mit Überwachungsstaatsfantasien, die plötzlich immer schon wahr waren …
OCCUPY UTOPIA!

Die Utopie ist ein Wunschdenkenkind.
Es wäre doch toll, es machte doch Sinn, wenn ... Was danach kommen soll, darüber herrscht keine Einigkeit. Alle wissen's ganz genau. Alle haben recht. So weit liegt der Standpunktgrabenkampf nicht auseinander. Zum Querschießen reicht's allemal ...
OCCUPY UTOPIA!

Die Utopie ist ein Schlüsselkind.
Kommt heim nach der Schule, wärmt sich das Essen selbst, schaltet den Fernseher ein. Die Eltern haben keine Zeit für sie. Schuld hat wie immer die Mutter. Der Vater macht grad etwas Wichtiges mit Geld und Staat und Macht, und wäre nur böse, wenn man ihn mit den Träumen des Nachwuchses belästigt, zumal des Nachwuchs' Traumdenken des Vaters Status sabotiert. Soll er sich doch ein Flinserl stechen lassen, gönnen wir ihm die Punkphase, Hauptsache, er schafft die Matura und was danach kommt ...
OCCUPY UTOPIA!

Die Utopie ist ein Waisenkind, ein Schusterjunge, ein Layoutfehler.
Wir lesen den ersten Satz, der Rest steht auf der nächsten Seite, wir blättern nicht um. Wurde das verfilmt? Gibt's das schon als E-Book? Als Computerspiel? Als Poetry-Slam-Text?
Wir lesen nicht mehr gern, schon gar nicht sinnerfassend.
OCCUPY UTOPIA!

Zieh das **U**uuuuuuuu lang
stot-t-t-t-t-t-er doch das **T** ab, bevor die Zinsen fällig werden
überrasch dich mal selbst: **O**!
Probier diii**l**ich aus.
Das machst du **E**eeeh?
Reden wir darüber ...

Utopie, das ist: kein Ort. Nirgends. Lebt irgendwo im Zwischenraum zwischen »Nie gehört« und Filterbubble.
Mores, Morus, Moribund, winkt einer ab.
Ein idealer Staat mit Nutzen für die Allgemeinheit? Was soll der Unsinn?

Das ist nur Wunschdenken! Das sind nur die Tischsitten Todgeweihter! Der Kuchen ist verteilt, und um die Krümel gibt's jetzt Streit, den großen, den mit Drohnen und Technik und Wiederaufbaubaufirmenkontrakten für Siegerstaaten. Den, der plötzlich sauber ist, der nie Zivilisten trifft und wenn, war's nur ein Einzelfall, der uns jetzt, wo er auf *youtube* klickbar gemacht wurde, unendlich leid tut: »as an American and as a marine«, doch das System kann nichts dafür.
Und wir sollten nicht reden, wir Österreicher, wir vereinbaren immerwährende Neutralität mit dem Besitz von Lenkwaffen und Lieferterminen. Kennt ihr noch Noricum? Was macht eigentlich der Mann mit unaussprechlichen Namen? Alfons Mensdorff-Poui-wie?
Alle wollen mitspielen beim großen Spiel, bei dem es jetzt noch ums Öl geht, morgen ums Trinkwasser und um Nahrungsmittel. Um Essen, mit dem man nicht spielen soll, auf das man aber an der Börse wetten darf.
Die Wahrheit ist dem Menschen zumutbar, hat eine gesagt, denn wir alle wollen sehend werden. Die Wahrheit ist dem Menschen zumutbar, denn wir alle wollen sehend werden.
Die Utopie ist ein Keinwort, ein Unwort, ist so was von 2012.
Und trotzdem sag ich: OCCUPY UTOPIA!

Zieh das **U**uuuuuuuu lang
stot-t-t-t-t-t-er doch das **T** ab, bevor die Zinsen fällig werden
überrasch dich mal selbst: **O**!
Probier diiilich aus.
Das machst du **E**eeeh?
Reden wir darüber bis wir heißer werden ...
Besetzen wir Begriffe, Plätze, Posten ...
Denn die Utopie ist keine Insel in der Ferne, zu der wir reisen könnten, womöglich eine mit Palmen und Sandstrand und Sex on the Beach.
Die Utopie ist kein neu entdeckter Kontinent, der zu uns sagt: *Give me your hungry, your poor.*
Die Utopie ist der Staat in bester Verfassung.
Und der Staat, der sind ja jetzt plötzlich, jetzt wo's ums Zahlen geht, plötzlich wieder: WIR.

Punktewertung Damen					
Ranking	1	2	3	4	5
	6	7	8	9	10

Schlechtere Zeiten

Wildschweine in Wien zum Abschuss freigegeben. Waschbären, Füchse, Biber und Ziesel auf dem Vormarsch. Feldhamster und Marder rücken unerschrocken vor. Spaziergänger, lasst euch nicht von den großen Augen beeindrucken, füttert diese Tiere nicht. Eine Plage droht.
So beginnen Zeitungsartikel.

Intimfrisuren sind eine Modeerscheinung. Soll jeder mit seinem Schampelz machen, was er will, aber was ja wohl wirklich vollkommen unnötig ist, sind Hitler-Schwanz-Schnäuzchen. Bei Frauen macht so ein Schamhaarrest ja ästhetisch noch irgendwas her, aber ein Sack-Schwanz-Schnauz-Ensemble ähnelt dann doch zu sehr einem Gesicht von unten betrachtet. Drei Daumen down!
So beginnen Lifestylemagazinkolumnen.

Gechipt, geimpft, entwurmt und gut eingepudert.
So beginnen Schoßhündchen-Annoncen.

Holland-Blumenmärk(t)e* sind eine Klein-, Mittel- und Großstadterscheinung. Holland-Blumenmärk(t)e gibt es an jeder Ecke, und – modernes Mysterium – sie haben immer offen. Immer. Obwohl nie – also fast nie – wer drinnen ist. Sind Holland-Blumenmärk(t)e die Chinarestaurants der Holländischen Mafia? Gibt es die überhaupt? Heißt die Holländische Mafia vielleicht: die Tulpenbrüder und -schwestern? Waschen die dort Geld, das sie mit Shit gemacht haben?
So beginnen Alltagsbetrachtungsglossen.

---

* Da der Firma das Führen der Bezeichnung »Markt« aufgrund einer Klage des VKI (Verein für Konsumenteninformation) 1993 als irreführend verboten wurde, strich man das T am Ende. Also: *Blumenmark*, hahahaha.

»Ich bin ein Innviertler Involvierter.«
So beginnen Bürgerinitiativengründungs-Reportagen.

Hat eigentlich schon jemand darauf hingewiesen, wie nahe der Kolkrabe dem Kohlrabi ist? Von den Gemeinsamkeiten der Raben und Menschen liest man da und dort. Beide seien Nahrungsopportunisten, heißt es da beispielsweise. Auch die geistige Leistung des Generalisierens wird sowohl Menschen als auch Raben zugeschrieben. Aber über Kolkrabe und Kohlrabi ist nichts zu finden in den gängigen Medien. Dabei ist das vermehrte gemeinsame Auftreten in den Wintermonaten doch evident. Kein Gemüsekistl kommt ohne Kohlrabi aus und kein Park und Friedhof ohne Kolkrabe. Ein klarer Fall von Gemüsediskriminierung einerseits und Ausgrenzung des schwarzen Raben andererseits! Sind Kohlrabi und Kolkrabe zu gewöhnlich? Muss es immer gleich etwas Exotisches sein, um Aufmerksamkeit zu erregen? Muss es immer gleich die Finnische Lachmöwe sein, die Station im Wiener Stadtpark macht? Ist ein Kolkrabe nicht gut genug?
So beginnen Werteverfalllamentos.

Kuhdung ist positive Scheiße, Unbildung negative.
So beginnen Pisa-Studien-Analysen.

Achtung, Achtung: Eine Durchspreche. Die Wortfamilien Schwingshackl, Saubartl, Mostschädel und Marünkanün mögen sich bitte umgehend, nein, umlaufend, also pronto, presto, avanti, schubidu beim Trödelbudel einfinden, einstellen, nein, sein, also dort, sie alle, sofort. Ja, es pressiert. Also tummeln statt bummeln! Es gibt noch Restplätze für die Exekutions-Show. Ende der Durchspreche.
So beginnen absurde Theaterstücke.

Ihre Quickbehändigkeit zu morgenschlafender Stunde ist meiner Vormittagstaktung diametral entgegengesetzt. Mein Aufstand ist ein gemächlicher. Mein Schwungrad eiert bis zum Frühstück. Sie schäumt schon vor der Milch über, sprudelt Geträumtes und strahlt Energie ab wie eine Glühbirne. Ich bin noch Matschbirne, Trägtran und maulfaul. Ich hänge noch schlaff im Hautsack, sie ist schon straff wie eine

Gummibadehaube. Straff wie ein Terminplan könnte man auch sagen, wäre man nicht arbeits- und kinderlos. Ich plane noch gar nichts, sie weiß schon alles.
So beginnen Beziehungsdramen.

Schafschur-Showdown im Dorf, es pumpert an den Stalltüren.
So beginnen Provinzkrimis.

Der beste Seeweg von England in die Karibik: Segle nach Süden, bis die Butter schmilzt, dann bieg nach rechts ab.
So beginnen Piratenromane.

Manche Nomen lassen sich schon steigern. Zum Beispiel Habgut: Habgut, hab besser, hab am besten gar nichts
So beginnen sprachskeptisch-systemkritische Ellenlang-Essays.

Und wie beginnt ein Poetry-Slam-Text?
Zum Beispiel so: Hatte neulich Zeit und keine Einfälle. Ging auf den Wortrummelplatz. War mir zu viel los. Sagte mir: lummeln statt rummeln und ging wieder heim. Machte mir ein Fass auf und dichtete. Kam nichts dabei raus. Will mich dafür jetzt aber nicht rechtfertigen und entschuldigen müssen. Kann schon mal passieren. Bin auch nur ein armer Hund mit Heuschnupfen und Kreuzweh, der nix erlebt. Muss halt die Sprache herhalten.

Mit der hab ich ja schon als Kind am liebsten gespielt. Sonst haben wir ja nichts gehabt seinerzeit, nach dem Krieg, in den Bergen, auf dem Dorf, in der 16-Kopf-Familie. Ein Paar Schuhe für alle, aber nur im Winter. Im Sommer krochen wir, um die Fußsohlen zu schonen. Brauchte drei Stunden, um in die Kirche zu kriechen. Durfte dort dann wenigstens knien. Hatte aber nur *ein* Knie. Das zweite wurde aufgehoben für schlechtere Zeiten. Daheim unter dem Bett, neben dem Einmachglas mit Omas Nierensteinen.

»Kann man alles mal brauchen«, sagte Mutter immer. Und: »Wir wären froh gewesen, wenn wir Nierensteine zum Spielen gehabt hät-

ten, seinerzeit. Aber nein, nix. Nur Not und Kot und sonntags Schwarzbrot.«
»Scheißzeit«, sagte ich.
»Versündige dich nicht«, sagte Mutter. »Uns hat nichts gefehlt, wir hatten eine glückliche Kindheit. Das könnt ihr euch heute ja gar nicht mehr vorstellen.«
»Stimmt«, sagte ich, »hab das Vorstellungsvermögen auch unter dem Bett verstaut, neben der Schmuckschatulle mit Opas Goldzähnen, für schlechtere Zeiten.«
Kroch übrigens lieber am Rücken als am Bauch, seit ich mir bei der Küchentürschwelle die linke Brustwarze abnippelte. Hab da seither ein Loch. Ist ganz praktisch. Kann man allerhand einfüllen, auf Vorrat, für schlechtere Zeiten. Hab mir neulich einen Tischstaubsauger eingefüllt, dachte mir, Sauberkeit kann man immer gebrauchen.
»Sauberkeit konnten wir uns nicht leisten«, sagte Mutter immer.
»Ging auch ohne sauber. Dreck war alles, was wir hatten, Dreck und uns. Kann man sich heute ja gar nicht mehr vorstellen, dass man *sich* hat, hat ja jeder alles, nur nicht sich selbst.« War manchmal richtig philosophisch, meine Frau Mutter. Durfte man ihr aber nicht sagen, hätte sie rasend gemacht.

»Scheißdreck, Scheißdreck, alles Scheißdreck!«, hätte sie geschrien.
»Macht einem den Magen nicht voll, diese Philosophie, nur den Kopf kirre.« Hatte ihre eigene Philosophie, meine Mutter.
Legte sich übrigens im Brustkorb quer der Tischstaubsauger, juckte, piekste und behinderte mich beim Kriechen und surrte auch noch dauernd. Konnte nicht mehr schlafen. Hatten auch kein Bett, meine 15 Geschwister und ich. Lagen auf dem Estrich. Boden konnten wir uns nicht leisten.
»Hart liegen ist gesund«, sagte Mutter immer, und: »Schlafen könnt ihr, wenn ihr pragmatisiert seid.«

Lagen in drei Schichten aufeinander. Lernten uns so besser kennen. Gab 15 zum Quadrat oder so unterschiedliche Schlafkombinationen. Lag am liebsten auf Lara und unter Gunter. Aber das wäre eine andere Geschichte. Reicht jetzt auch mit Familiendetails. War jetzt persönlich und lang genug. Muss mir ja noch ein paar Ideen aufheben, für schlechtere Zeiten.

Punktewertung Herren					
Ranking	1	2	3	4	5
	6	7	8	9	10
Positiv, negativ, neutral, alles egal: 0					

RUNDUMSCHLAG

Auf Bald
oder: Frankfurt, Leipzig, Hamburg, Berlin, oder Wien*

Lies keine Oden, mein Sohn,
lies Fahrpläne, sie sind meist ungefähr
genau und außerdem genau
genommen ungefährlich.

Wien Westbahnhof ab,
Frankfurt   6 Uhr 06 an   oder
Hamburg   7 Uhr 50 an   oder
Berlin   9 Uhr 09 an   es besteht Übergang zum übrigen Regionalverkehr

Nicht von ungefähr
    übernimmt der Angebende keine Gewähr.
Nicht von ungefähr
    berät die Lesenden zu Nebenlinienwirkung und Verspätung
    kein Arzt oder Apotheker.
Beim Fahren mit dem Finger
auf dem Fahrplan besteht kaum Ansteckungsgefahr.
Kein Husten überträgt sich und kein Reisefieber und für das bisschen
Fernweh
gibt's Tabletten.
Und ich hock in Wien,
verbeiß mich in Arbeit und in Theorien

---

* Antworttext auf Adelheid Dahimènes »Bald wäre der Zug« im Rahmen von *Slammer. Dichter. Weiter.* Adelheid Dahimène ist eher als Kinder- und Jugendbuchautorin bekannt, hat aber 2009 (ein Jahr vor ihrem frühen Tod) im Klever Verlag den Lyrikband *Blitzrosa Glamour* veröffentlicht. Andere Werktitel: *gar schöne Spiele, Rauchernovelle. Slammer.Dichter.Weiter.* ist das wunderbare Slamformat von Markus Köhle in der Alten Schmiede, Wien. http://slamdichweiter.backlab.at

zu Kurzstreckenlebenserträgen,
zu Revolution und Wasserglaslesungen,
zu Bundfaltenmentalitäten,
und zu dem, wie weit ich gehen, wie viel ich geben kann, und irgendwas rasselt.

Und ich hock hier rum
Im k+k-Rumpfgebiet
wir sind
– von uns immer noch unbemerkt –
an den Rand gerutscht, und das mit der Kunst in Peripherien ist so eine Sache,
ohne Glattbügelfalten, ohne Kleinkariertkaro,
spielt gar schöne Spiele,
ist manchmal sogar blitzrosa Glamour,
ist für die Sache weit gehend,
sich weit aus dem Fenster lehnend und weitgehend
vom Publikum verschont.

Wir sind Träume, verschoben auf: bald.
Bald: kommt noch was.
Bald: hört uns wer.
Bald (aber halt nicht heut): ist Wien wieder Zentrum der
– äh –
Welt.

Bald führt die Nabelschnur wieder
zu uns, bis dahin hängen wir aus Trotz am Tropf unsrer Kunst.
Trotzdem ist das eine Ode auf Kleinverlag, Nische und Kunst
    (ist sich selbst genug, oder so)
    (ihr seid mir Heimat genug, oder so)
und irgendwas röchelt.

Was wär denn besser an Frankfurt?
Was wär denn besser an Leipzig?
Von Buchmessenparametern mal abgesehen.

Was wär denn besser an Hamburg, Berlin und an Zürich am See?
Weggehen ist leichter als Ankommen.
Wegsehen ist leichter als Standpunkt.
Tunnelblick ist keine Lösung, nicht mal im Ansatz.
Und für das bisschen Sehnsucht gibt's Tabletten.

Wien Westbahnhof ab,
Frankfurt   6 Uhr 06 an   oder
Hamburg   7 Uhr 50 an   oder
Berlin   9 Uhr 09 an   es besteht Übergang zum übrigen Regionalverkehr

Gar schöne Spiele:
Ich les etwas, was du nicht liest.
Ich leb etwas, was du nicht liebst.
Ich seh etwas, was du am Bahnsteig übersiehst.
Ein Glimmstängel Glück.
Ein Blätterrausch.
Ein tiefer Anschlusszug an meinem Haus vorbei.
Immer der Nase nach.
Aus dem Tunnelbauch auch raus.
Leben mit Finger am Fahrplan oder als Ganzkörper-im-Zug.

Es besteht zurzeit keine Fluchtnachvorngefahr.
Alles läuft gut und rund und meiner Arrangierlok hinterher.
Bis zur Einfahrt im Zielbahnhof.
Bis zur Ausdruckspunktrückkehr.
Und irgendwas rattert.

Wien Westbahnhof an 6 Uhr 04,
Wien Westbahnhof an 9 Uhr 04,
Wien Westbahnhof an 6 Uhr 22

Heimat ist nicht: Ich bleib immer nur hier.
Heimat ist mir meist Rollkoffer genug.
Heimat ist manchmal nur Zug.
Und für das bisschen Heimweg gibt es Texte.

Eine
ganze
Seite
Zeit
zum
Nachdenken ...
wo
gibt's
das
heutzutage?,
flüstert
Milena.

Punktewertung Damen					
Ranking	1	2	3	4	5
	6	7	8	9	10
Verspätet, überfüllt, zu teuer: 0					

Schnitzelfriedhöflichkeit
oder: Der Quasi-Modus

Wenn Brüssel zartherb und die Pekingente süßsauer ist, dann ist Wien zwitterböse. Wien grantelt, grummelt und keppelt, charmiert aber auch verschlagen. Wien sei anders, heißt es. Das ist vielleicht insofern zu verstehen, als dass die Hölle immer die anderen sind. Was jetzt nicht heißen soll, dass Wien eine oder gar die Hölle wäre. Wien ist viel mehr und ist vielmehr eine Gruft. Wenn Wien eine Gruft und das Typische an Berlin die Luft ist, dann ist Bielefeld eine Legende und Rostock der Welten Ende.

Wenn der Zentralfriedhof und alle seine Toten leben[1], dann möge wenigstens die Kaisergruft quasi verrecken. Wenn man mit »quasi« eigentlich eh alles relativieren kann, dann ist Wien das Quasi schlechthin. Da der, der als der Quasi[2] galt, zwar leider längst »a schene Leich is«, aber unvergessen bleibt, und wenn ein echter Wiener nicht untergeht[3], dann dürfte er kein steinernes Herz haben.

Ja, Wien kann was. Was? Allerhand: Wien kann einen im Winter fertigmachen (und der Wiener Winter kann lang sein). Wien kann einen im Herbst glücklich (Wein), im Sommer schwitzen (Sommer) und im Frühling ratlos (kein Frühling) machen. Das ist ja allerhand (also quasi eine Anmaßung), wird jetzt manch Wienfan einwerfen. Allein, die

---

1 »Es lebe der Zentralfriedhof«: Hit und urwientypische Hymne vom Austropopper Wolfgang Ambros.
2 Helmut Qualtinger (1928–1986) war ein urwiener Schauspieler, Schriftsteller, Kabarettist, Rezitator und nicht nur »Der Herr Karl«, sondern eben auch »Der Quasi«.
3 »Ein echter Wiener geht nicht unter«: Urerfolgreiche ORF-Fernsehserie aus den 1970er-Jahren von Ernst Hinterberger, mit Karl Merkatz als Edmund (Mundl) Sackbauer.

Wienfans sollen besser anfeuern, als einwerfen. Wenngleich es die Wienfans ja so gar nicht gibt. Es gibt Austrianer und Rapidler und natürlich noch ein paar masochistische Unterligisten. Es gibt keine richtig gute Mannschaft, aber noch viele richtig gute Plätze hier, sofern die Hohe Warte[4] nicht doch einem Wohnbauprojekt zum Opfer fällt. In Summe aber gibt es keinen guten Fußball in Wien, nur Eier aus Bodenhaltung.

Wenn man bedenkt, dass der Autor eingesteht, von Fußball weder eine Ahnung noch gesteigertes Interesse an Fußball zu haben, ist all das Angeführte ein ziemlich starkes Stück. Will man in Wien ziemlich starke aufgeführte Stücke sehen, dann geht man am besten nicht zu Fuß, sondern fährt Straßenbahn. Neunzig Minuten Bimpostmoderne[5] kosten einen zwei Euro. Die Kulissen sind ansprechend, das Ensemble wechselnd und die Dialoge von herzerwärmend bis himmelschreiend. Wenn man weicher sitzen will, kann man auch in eines der zahlreichen herkömmlichen Schauspielhäuser gehen. Wien spielt immerhin besser Theater als Fußball. Wenn Wien die Theater- und Salzburg die Fußballhauptstadt Österreichs ist, dann ist der Jedermann tot und die Off-Theater-Szene lebendig, und eine Szene ist zwar noch kein Akt, dafür aber schneller um und hat überdies nichts mit Ordnern und Nackten zu tun.

Wenn man auf Ordner steht, dann ist man schon auch ganz richtig in Wien. Ordner und Ober trifft man hier in jedem Kaffee- oder Bürohaus an. Aber auch der Fußballplatz ist des Ordners Heimstatt. Der Büroordner hat Ringe, der Fußballplatzordner eine Schleife und einen guten Draht zu den Zapfhähnen, die im Fußballplatzumfeld nicht von Obern, sondern bloß von Schanis bedient werden. Im Schanigarten allerdings werden nicht gastronomische respektive gesamtgesellschaftliche Aushilfskräfte gehortet, sondern Hiesige abgefüllt, eingeflaschelt und verstöpselt. Sollten sich Touristen in den

---

4 Hohe Warte: urklasses Naturstadion des First Vienna FC 1894 Wien in Döbling (19. Bezirk).
5 Bim = Straßenbahn

Schanigarten verirren, wird selbstverständlich dafür gesorgt, dass auch diese nicht mehr aus dem Schanigarten herausfinden.
Man findet den Schanigarten im Übrigen in vielen Fremdsprachen. Neben *Blitzkrieg*, *Götterdämmerung* und *Schnitzelpanier* ist es nämlich der *Schanigarten*, der vom Englischen, Französischen, Italienischen und vielen weiteren -ischen spracheingemeindet wurde, nicht jedoch vom Finnischen. Vielleicht, weil dieses ohnehin schon mit fünfzehn Fällen zu kämpfen hat und die Finnin und der Finne lieber in die Sauna, als in den Schanigarten gehen.

Wenn Wien die Schanigartenkapitale und der Wiener ein Schurl ist, dann ist die Wienerin eine Wucht (aber keine Wuchtl, denn gelegentlich kann das österreichische Diminutiv-l ordentlich Schaden anrichten, beziehungsweise in ganz andere Richtungen führen: im Wuchtlfall auf das weite Feld der originellen Beschimpfungen sowie in die Welt des Wiener Schmähs, aber erneut auch zum Fußball. Wenn man bedenkt, dass der Autor nach wie vor nichts mit Fußball am Hut hat, stellt dieser ein doch verhältnismäßig großes Glied in der vorgelegten Argumentationskette dar).

Wenn Brüssel ein Muscheltopf und Peking eine Ente ist, dann ist Wien ein Grammelknödel. Wenn Ottakringer ein Billigbier und Neubauer[6] ein Luxusleberkäse ist, dann ist Grinzinger ein Saftladen. Wenn man Burger und Bauer nicht unterscheiden kann, dann ist ohnehin Hopfen und Malz verloren und die Beweisführung nicht Fisch, nicht Fleisch, sondern schlicht Topfen, und ohne den kommt keine Heurigenjause aus. Wenn Steirerblut keine Nudelsuppe und Wiener Blut kein Blunznstrudel ist, dann ist alles Walzer, und der Opernball hat nun aber mal überhaupt nichts mit Fußball zu tun.

---

6 Ottakring (16. Bezirk): Arbeiterbezirk; Neubau (7. Bezirk): Bobo-Bezirk; Grinzing (Teil des 19. Bezirks): Weinbezirk; Neuburger (urangesagtes Fleischprodukt): »Sagen Sie niemals *Leberkäse* zu ihm.«
7 Gürtel: Hauptverkehrsader und urleiwande Ausgehmeile
8 Augartenspitz: noch unberührter Teil des Augartens, der einem uruncoolen Sängerknabenkonzertsaal weichen soll (Anm.: Das ist leider mittlerweile passiert.)

Den Wiensack zumachend, lässt sich feststellen: Wenn der Gürtel[7] nicht drückt, sondern rockt, und einem der Zank um den Augarten[8] spitze Schmerzen entlockt, dann ist man knietief in Wien. Wenn das Würstel stand und der Prater[9] nicht grillte (sprich: »grühte«), sondern wurstelte und blühte, dann war man definitiv in Wien. Aber selbst wenn man nicht mehr ist, nein, vor allem wenn man nicht mehr ist, ist man in Wien immer noch gern gesehen.

Punktewertung Herren					
Ranking	1	2	3	4	5
	6	7	8	9	10
Narrisch, barbarisch, schlechter Leberkäs: 0					

---

7 Gürtel: Hauptverkehrsader und urleiwande Ausgehmeile
8 Augartenspitz: noch unberührter Teil des Augartens, der einem uruncoolen
 Sängerknabenkonzertsaal weichen soll (Anm.: Das ist leider mittlerweile passiert.)
9 Prater: Wiens Rummelplatz für urviel

Drachen töten

Da gibt es ein Mädchen,
ein bisschen ungelenk, ein Zuckerschock von einem Energiebündel, gut am Wachsen, nicht gut im Witzeerzählen, aber bereit, Drachen zu jagen oder steigen zu lassen, oder aufzuzeichnen mit Buntstiften auf kariertes Luftschlosspapier-Din-A4 und danach:

Papier zerreißen, rrrrttttsch, Problem gelöst, Drache erledigt, neues Spiel bitte!!!

Und ich wünschte, ich könnte das auch: dieses Aufmalen von ausgesprochen mühsam auflösbaren Dilemmatas auf kariertem Luftschlosspapier-Din-A4. Ich wünschte, ich könnte das: dieses Aufmalen des bauplanlosen und manchmal entsetzlich fragilen Ersatzteillagers von einer Identität. Bin bis zur Schädeldecke vollgemüllt mit ölig verschmiertem Krempel, den niemand niemals vergisst:

{der erste Kuss – mit Zahnspange; die großen Sommerferien – langweilig; der erste, zweite, was red ich denn, dieses Wimmelbild von Schau-mich-nicht-an-Pickeln auf der Naseweisnasenspitze; die erste Totalschadenblamage; der erste Ich-trau-mich-und-mach-einen-Witz und niemand hat gelacht, aber klar, DEN Witz hab ich mir gemerkt; der erste Kampf, der erste Rausch, der erste Drang, der erste Heulkrampf}

Bin bis zur Schädeldecke voll mit dem, was mich bremst, verletzt und zurückhält, mich fast – aber nur fast – Ratschlagliteratur kaufen lässt ... Aber wie Antworten finden, wenn schon die Frage falsch ist! Und ich will das, was mich klein macht und unsicher und wütend, und mich gegen Wände rennen lässt, auf kariertes Papier malen: die Komplexe in Leuchtgrün und am Rand ausgefranst. Nicht immer innerhalb der Umrisslinie.
Und die Angst vor abgrundähnlichen Tälern und der Drang nach – wie

gestern – absturzähnlichen Fehlern, mit Glitzerstift oder als Mixed-Media-Gekleckseklebe.
Und dann nehm ich das Din-A4-Komma-Irgendwas-große-Luftschloss, und:

Rrrrtttsch, Problem gelöst, Dilemma erledigt, neues Spiel, bitte!!!

Doch dieses Mädchen, das mich so sehr an meinen großen Bruder erinnert, dass ich pumucklklein werde, das nie stillhalten kann, als hätte es ADS, Redbull, Paris-Dakar und Brown'sche Bewegung zugleich inhaliert …
Und ich renne gleichzeitig diesem Mädchen und seinen übermaßnehmenden Augen und meinem großen Bruder und seinen ungelenken, zu schnell nach oben geschossenen Schritten hinterher, mit meinen immer zu kurzen Beinen und meinen immer zu dummen Fragen, und den 2 ½ Jahren Minus auf dem lebenslangen Lernkonto, was mit 4 ja echt einen Unterschied macht und mit 18 auch und mit End/Mitte 30?

… well, whoever knows anything anymore these days …

Ich starre dieses Mädchen an wie meinen Bruder damals: mit Übereifer und dem etwas peinlichen Enthusiasmus der kleinen Schwester für den Superman von einem großen Bruder, der immer zu cool tut und immer zu klug ist, und der auch heute noch die Messlatte legt: die, die zählt. Weil er im Mich-Kennen auf ewig einen Vorsprung haben wird vor der Umwelt und den Eltern und den Freunden, und was für ein Wunder ist dieses Mädchen, ein blauäugiges Wunder an Klugheit und Mut und großen Löchern in Socken und Milchzahnreihen und vielleicht auch schon ein paar Löchern im Ego. Gut am Wachsen, aber wirklich nicht gut im Witzeerzählen. Und mein Herz macht etwas, über das Romane geschrieben werden, gute und schlechte, und jede Menge Ratschlagliteratur, die ich mich weigere zu lesen, auch wenn ich mich zunehmend ratlos fühle,

… well, whoever knows anything anymore these days …

Mein Herz diktiert mir einen Wunsch, malt auf Luftschlosspapier-Din-A4 ein Verlangen nach einem unsichtbaren Schutzschirm. Nicht für den EURO!

Rrrrttttsch, Währung erledigt, neues Spiel, bitte!!!

Für dieses Mädchen oder den Weltfrieden oder Europa, für meinen Bruder, für mich/dich und uns alle male ich einen Wunsch auf Luftschlosspapier-Din-A4, vor dem das *Rrrrttttsch!!!* kapituliert, als wär es ein Bürgerrecht im real existierenden Kapitalismus.

Rrrrttttsch, Bürger entrechtet, neues Spiel, bitte!!!

Aber halt! Nein! Nicht mit mir! Ich will dem Widerstand etwas entgegenhalten, will mich wogegenstemmen, als wäre es diese Wand, gegen die ich immer rennen muss. Denn ich kann meinen Wunsch aufzeichnen und zerreißen, oder Tabletten dagegen nehmen – der Wunsch bleibt: Einen Schutzschirm will ich spannen!
Für dieses Mädchen, den Weltfrieden, meinen Bruder und auf jeden Fall auch für mich/dich …
Und dann stellt sich dieses zahnlückenlochimsockenegoinfragestellende Mädchen sich mir/dir in den Weg und fragt:

Warum ist der Himmel blau?
Kennst du den Simon von nebenan?
Warum wird Scheiße grün, wenn ich Spinat ess?
Was ist ein Weltall?
Was ist ein Weltkrieg?

Und ich kriech durch meine öligen, bis zur Großhirnrindenschädeldecke angehäuften Skripten vom lebenslangen Lernkurs, finger mich durch ein Daumenkino aus Erfahrungen, nur ist es *Arthouse OmU* und ich wär schon froh, wenn es nur Spanisch wäre …

Rrrrttttsch, Tante erledigt, neues Spiel bitte!!!

Zur Ablenkung erzähl ich einen Witz. Den, den ich mir gemerkt hab, seit damals niemand gelacht hat. Und ich würd lügen, wenn der Witz besser geworden wär, oder ich im Erzählen. Und ich hab eine Riesenlücke im Ego und ein Loch dort im Identitätsersatzteillager, wo die Pointe gelagert sein sollte; ich zögere das Ende raus und das Mädchen sagt:

Rrrrttttsch, find ich nicht lustig, neues Spiel bitte!!!

Lass uns Drachen jagen oder malen oder steigen lassen gehen ...

Und wir rennen los. Ich mit Nichte mit Drachen in der Hand an der Hand. Wir rennen, als wäre der Wind die Wand, gegen die ich immer rennen muss, und warum soll denn die Wand nicht nachgeben, einfach so, denn:

... well, whoever knows anything anymore these days ...

Wir rennen gegen die Windwand mit unseren immer zu kurzen Beinen und unseren immer zu dummen Fragen und die Windwand:

> *Rrrrttttsch!!!*

Lässt uns durch.

Punktewertung Damen					
Ranking	1	2	3	4	5
	6	7	8	9	10
Zuckerschockiert, energiegebündelt: 0					

Eduard Zimmermann ist nicht mehr

100 % ORIGINAL MARKUS KÖHLE

Eduard Zimmermann, die zentrale Figur meiner frühkindlichen Fernseherfahrungen, ist für immer weg vom Bildschirm.
Aktenzeichen XY ... ungelöst mit Eduard Zimmermann war wie *Wetten, dass ...?* mit Frank Elstner, wie *Einer wird gewinnen* mit Hans-Joachim Kulenkampff, wie *Dalli Dalli* mit Hans Rosenthal, wie *Was bin ich?* mit Robert Lembke.
XY ... ungelöst war einmal im Monat beste Fernsehunterhaltung mit der barock-pompösen Eurovisions-Pauken- und Fanfareneinleitung: Tä Tä Tätätä Tä Tä Tä Tä Tätätätätätät ...

XY ... ungelöst war Crime and Thrill, Alltag und Horror, *C.S.I.* und *Der Bulle von Tölz* in einem.
XY ... ungelöst war auch eine Vorstufe des Reality-TVs, und die Protagonisten der Sendung – treuherzig verquere Biedermänner aus Deutschland, Österreich und der Schweiz – brillierten zudem, zumindest retrospektiv betrachtet, mit unfreiwilligem Humor der Spitzenklasse.
Allen voran natürlich Eduard Zimmerman. Der, den sie Ganoven-Ede nannten, der mit den beruhigenden Biberbacken, dem eindringlich das Gute suchenden Dackelblick, einer stets Nach-unten-Mundwinkeltendenz und einem unverhohlenen literarischen Talent mit Hang zum Kruden und Verschraubten: *Wer hat diesen braun-grünen Strickjanker mit Zopfmuster und Hirschbeinknöpfen mit auffälligen beigen aufgenähten Ellbogenschonern oder Teile davon gesehen oder verkauft oder kennt Personen, die diesen Strickjanker oder Teile davon gesehen, verkauft oder gar gemacht haben, der möge sich bitte umgehend bei der nächsten Polizeidienststelle oder unter folgenden Telefonnummern melden.*

Nein, gegendert hat der Zimmermann noch nicht. Aber hätte ich den Strickjanker oder Teile des Strickjankers oder Macher desselbigen gekannt, ich hätte angerufen. Eduard Zimmermann erfand somit das interaktive Fernsehen und weckte in mir das Interesse an Schachtelsätzen. Alle durften mitmachen, es wurden Belohnungen in Aussicht gestellt und man lernte nebenbei durch die Mitarbeiter in den Außenstudios auch die geheimnisvolle Schweiz näher kennen.
Wir rufen Konrad Toenz im Aufnahmestudio Zürich.
Konrad Toenz, Toenz, Toenz aus der Schweiz, Schweiz, Schweiz erscheint, begrüßt markig und legt los. Im grauen Hintergrund telefonieren geschäftig Anzugmänner. So hat man sich seinerzeit die Schweiz vorgestellt: brav, fleißig, farblos. Käse mit Löchern und immensen Goldreserven. Konrad Toenz, eine Ikone. 1996 wurde in Kreuzberg ein Club mit dem Namen »Konrad Toenz« eröffnet.

Peter Nidetzky wurde diese Ehre nicht zuteil.
Peter Nidetzky, Wien bitte kommen.
Nidetzky, Nidetzky, Nidetzky. Was ist aus dir geworden? Kommentierst du jetzt nur noch Springreiter-Turniere?

Kritik an *XY ... ungelöst* gab es und sie ist berechtigt. Nichtsdestotrotz möchte ich Toenz, Nidetzky und Zimmermann als die Trias der TV-Kommentatoren meiner Kindheit titulieren. Ein jeder in Besitz eines unverwechselbaren Individualstils. Peter Nidetzky, tief männlich gurgelnd, Konrad Toenz, trocken schnarrend, und Ganoven-Ede, stoisch gelassen, alles auf den Punkt bringend. Ach, wie gerne sähe man eine dieser Größen auf einer Slambühne einen dieser typischen Texte aus dem Off rezitieren, die die schaurigen Filmchen stets einleiteten. Diese unheilserwartungsschürenden knappen Zeilen, die meist mitten im unschuldigsten Alltag der Opfer einsetzten und immer schlecht endeten.

Jacqueline Mörser lebt im kleinen, verschlafenen Dorf Wenns im Tiroler Pitztal.
Und schon ist man mittendrin und denkt sich: Warum ausgerechnet Wenns? Wär das, was bald passieren wird, wenn's nicht Wenns gewesen wäre, nicht passiert?

Sie hat gerade ihre Lehre als Kosmetikerin in der Bezirkshauptstadt abgeschlossen und sich vorgenommen, dies gebührlich zu feiern.
Oje, feiern, das kann nicht gut gehen. Alkohol, Haschisch, Heroin. Disco, Tanz und Laster.
Am Vorabend des Nationalfeiertags in Österreich ...
Nein, auch das noch, am Nationalfeiertag!
... gegen 19:30 Uhr – es ist bereits dunkel – verlässt sie ihre elterliche Wohnung, um sich per Autostopp auf den Weg nach Imst zu machen.
Nein, Mädchen, nicht doch per Autostopp, erst recht nicht im Dunkeln. Achtung, Achtung! Vergewaltigung, Raubmord, Totschlag.
Sie trägt ihren Lieblingsblazer aus pinkem Viskosematerial mit einem aufgenähten gelben Blitzmuster am Rücken ...
Oh Gott!
... hautenge stonewashed Stretchjeans ...
Hauteng und stretch, Hilfe!
... und über und über mit Filzstift verzierte Jogging-High-Knöchelhoch-Leder-Sportschuhe.
Jacqueline, Jacqueline, das kann nicht gut gehen.
Als Jacqueline Mörser gegen 19:40 Uhr die Konditorei Klescher passiert, wird sie dort von der Inhaberin Brunhild Klescher, die gerade die Auslage für den bevorstehenden Feiertag dekoriert, gesehen. Frau Brunhild Klescher kennt das Mädchen und grüßt, ihr Gruß wird freundlich erwidert. Die Konditoreimeisterin Brunhild Klescher war die Letzte, die die Kosmetiker-Gesellin Jacqueline Mörser lebend gesehen haben soll.
Oh nein, flenn, heul, schluchz.
Unheil allerorten.
Eduard Zimmermann und Jacqueline Mörser, tot, und auch dieser Text am Ende. Sachdienliche Kommentare bitte bis Mitternacht direkt beim Verleser oder an der Bar deponieren, danach sind unsere Leitungen geschlossen und nur mehr die Bierleitungen offen.

Punktewertung Herren					
Ranking	1	2	3	4	5
	6	7	8	9	10
Ungelöst und fadenscheinig: 0					

Mama
oder: *aber nicht nur**

Es beginnt ganz harmlos.
Eine Zelle teilt sich und zerteilt alles in ein Davor und ein Danach.
Ein Zellhaufen teilt sich und zerteilt die Zeit neu.
Der erste Ultraschall, der erste Bauchtritt, der erste Schrei, der erste Schritt, das erste Wort. Achten Sie, bitte, auf das, was ich ausgelassen habe: Blut und Schmerz und Angst, *aber nicht nur.*

Eine Zelle hat sich zerteilt, hat dich und sich in Häufchen zerteilt und zerteilt jetzt die Zeit neu. Mama hat jetzt ein Über-ES.
Eine Mütze Schlaf, bis ES wieder schreit.
Ein Durchatmen, bevor ES wieder gefüttert wird.
Ein »Mama ist gleich da, Schatz!« in seine Richtung.
Ein Sich-aber-wirklich-nur-ganz-kurz-im-Klo-einsperren-weil-Mama-eine-klitzekleine-Mikrosekunde-für-sich-selbst-braucht.
Ein Drei-Tage-wach, das kein Festivalrausch-mit-Kater-Danach ist, sondern ein Die-ganze-Familie-liegt-mit-Grippe-im-Bett-und-sie-sollte-das-eigentlich-auch-tun-aber-was-soll-sie-machen-wenn-ES-einen-frischen-Tee-braucht-oder-ES-einen-Topfenwickel-benötigt-oder-einen-den-schlechten-Traum-Wegküsskuss ...
Es schreit, es schreit, es schreit, es schreit, es schreit, es schreit, *aber nicht nur.*
Es lächelt.
Es lacht.
Es krabbelt.
Es scheißt.
Es schmeißt Mamas Lippenstift auf den Boden.

---

* Sprechtext mit Publikumsbeteiligung. Kursivdruck wird per Handzeichen vom Publikum eingefordert.

Es gurgelt.
Es schmeißt Papas Weinglas um.
Es gurrt.
Es gackt.
Es greint.
Es gluckst.
Es sagt: »Mama!«
Aber nicht nur.

Das Kind fragt.
Mama, was ist das?
Das ist die Sonne.
Mama, was ist das?
Das ist ein Hund.
Mama, was ist das?
Das ist ein Auto.
Mama, was ist das?
Das ist ein Vater.
Mama, was ist das?
Das ist ein Pfui.
Das Kind fragt nicht:
Mama, was ist Mama?
Das Kind denkt, es weiß, was Mama ist. Das Kind ist klug, klüger als ich.

Was ich über Mama weiß:
Mama ist mit Sicherheit kein akademischer Titel.
Mama ist ein Konstrukt ihrer Zeit.
Mama ist eine bunt bedruckte Baumwollschürze, *aber nicht nur.*
Mama ist das, was im Liebesroman nach dem Happy End kommt.
Mama ist das, was in einem Jelinek-Roman lang vor dem Ende mit Schrecken kommt.
Mama ist ein zweiter roter Streifen beim Schwangerschaftstest.
Mama ist eine Zeit lang morgendliches Übel, wenn sie ein paar Wochen lang in die falsche Richtung verdaut.
Mama ist das schöne Kleid, das sie anziehen will, wenn sie zum ersten Mal wieder mit Papa ausgeht.

Mama ist der Ärger darüber, nicht mehr in das schöne Kleid zu passen. Und es ist alles seine Schuld. Geht sie halt in Jeans und Pulli aus.
Mama ist der Kugelschreiber, mit dem sie 100 Notfallnummern für die Babysitterin auf einen Zettel schreibt.
Mama ist für ES die schönste Frau der Welt. (Das ändert sich irgendwann.)
Mama ist immer verfügbar, oder hat, falls nicht, ein schlechtes Gewissen.
Mama macht ihrem Über-ES ein schlechtes Gewissen. Mama wird ihrem Über-ES so ein Über-ICH.
Mama ist ein »Ich kann mich nicht zerteilen!«-Ruf aus der Küche.
Mama ist die »Hast du deine Hände gewaschen?«-Frage.
Mama ist ein »Wie oft soll ich dir noch sagen, dass du dein Zimmer aufräumen sollst?«-Redeautomat.
Mama ist: »Hast du deine Hausaufgaben gemacht, die Englischvokabeln gelernt und heute schon Blockflöte gespielt?«
Mama ist ein Muttertagsgedicht, das du aus Trotz mit der Blockflöte in einen Punkrockremix verwandelst.
Mama ist ein Mysterium, das du mit ein bisschen Glück später nochmal neu kennenlernst.
Mama ist ein Mythos, *aber nicht nur.*
Mama ist eine Mitfahrgelegenheit, bei der du dir das Ziel wünschen darfst.
Mama ist das Auto, mit dem du fahren lernst. Papas Auto ist natürlich tabu.
Mama ist ein Maßstab und eine Sehnsucht. Nach ihrem Geruch, nach ihrer Perlenkette für besondere Anlässe (und du willst für immer ein besonderer Anlass für deine Mutter sein). Nach ihren Locken, nach ihrem Lob, nach ihrer harten Hand, die dich von einem Straßenrand zurückzieht, nach ihrer im Hintergrund verschwimmenden Anwesenheit.
Mama ist, was – laut manchen – eine Frau mindestens zweimal im Leben werden soll, wegen den Pensionen und der Zuwanderung und dem Generationenvertrag.
Mama bekommt aber keine oder nur eine ganz kleine Pension – warum denn auch? Sie hat doch viel zu kurz gearbeitet.

Was macht Mama?
Mama macht Frühstück.
Mama macht deinen Dreck weg.
Mama macht Jausenbrote.
Mama macht Abschiedswinkewinke.
Mama macht sich Sorgen: um dich, *aber nicht nur.*
Mama macht allerhand Nützliches.
Mama macht alles wieder gut.
Mama macht Wichtiges.
Mama macht sich nicht wichtig.
Mama macht der Jahreszeit angepasste Leckereien.
Mama macht der Tageszeit angepasste Fertigpizza.
Mama bäckt das Brot ab heute selbst.
Mama macht ihren Job.
Mama macht Liebe: oft mit Papa, *aber nicht nur.*
Mama macht Hosen länger oder kürzer oder enger oder weiter oder wieder ganz.
Mama macht Preisvergleiche.
Mama macht Apfelmus.
Mama macht Wiedereinstiegsbemühungen: oft vergeblich, *aber nicht nur.*
Mama macht unangekündigte Schultaschenrazzien.
Mama macht Tagebuchspionageakte.
Mama macht Papa Vorwürfe.
Mama macht immer das Richtige.
Mama macht die besten Topfenknödel.
Mama sammelt Kochrezepte.
Mama macht immer alles falsch.
Mama macht zwenig Aufhebens um den Papa. Meint die Schwiegermama, *aber nicht nur,* der Papa meint das manchmal auch.
Mama macht peinliche Bemerkungen, wenn du neben deinem Traummann stehst.
Mama macht dir Zöpfe.
Mama macht Bundfalten in deine coolen Jeans.
Mama macht Unterhoseninspektionen, weil sie auf deine Regel wartet.

Mama macht Leintuchuntersuchungen und lächelt milde, wenn sie deinen ersten Samenerguss entdeckt.
Mama zerbricht sich den Kopf über eine adäquate Aufklärungsmethode, denn es beginnt ja alles ganz harmlos:
Eine Zelle teilt sich und zerteilt alles in ein Davor und ein Danach.

Punktewertung Damen					
Ranking	1	2	3	4	5
	6	7	8	9	10
Mamamädi, Mamabubi, Mamalade: 0					

Na Hund?
oder: Hund, Mensch, Leute

Was sind das für Leute,
die ihrem Kind als Jausenbrotergänzung eine Notfalldosis Ritalin in den Schulranzen packen?
Was sind das für Leute, die sagen:
Ach, Kinder ... *Kinder* gibt's keine, es gibt nur *Kunden*!
Was sind das für Leute, die sagen:
Qualität ist, was die Kunden zufriedenstellt!
Was sind das für Leute?

Die Leute sind immer die *anderen*.
Die *anderen* sind nie *wir*.
Wir können da ja nichts machen.
Machen wir doch nicht immer nichts.
Nichts.
Nichts, nichts, nichts.
Das macht nichts.
Das hat nichts.
Das ist nichts.
Nichts – ist einfacher, als etwas tun.
Aber etwas tun ist einfach notwendig.
Not macht wendig und findig, lebendig und sinnig.
Sinn.
Sinn, Sinn, Sinn.
Drei Sinne: Sehen, Hören, Sprechen.
Sinn, Sinn, Sinn.
It's a sin, diese nicht zu nutzen.
Das macht Sinn.
Das hat Sinn.

Das ist Sinn.
Das ist *der* Sinn.
Das ist der Sinn.
Das ist der Sinn der Sache, sag ich.
Ich sag: Nichts ist schlimmer, als den dreifachen Affen machen.
Nichts ist schlimmer, als wegschauen, weghören und totschweigen.
Oh doch, schlimmer noch ist: wegschauen, weghören und trotzdem das Maul aufreißen.
Eine große Klappe, aber keine Ahnung haben. Eine unheilvolle, aber vor allem in Politikerkreisen weit verbreitete Sitte.
Sozusagen seine Dummheit äußerln, Gaga-Gassi gehen, Stumpfsinnsdünnschiss verbreiten,
und weit und breit kein Sackerl fürs Meinungsgackerl, nur Leute, die für jeden Scheiß zu haben sind.

Was sind das für Leute,
die 1000 Euro für ein mit Swarovski-Steinen besetztes Hundehalsband ausgeben?
Was sind das für Leute,
die mit ihrem Sport Utility Vehicle zum BIO-Supermarkt einkaufen fahren?
Was sind das für Leute,
die Natascha-Kampusch-zurück-in-den-Keller-facebook-Groups bilden?
Was sind das für Leute?

Die Leute sind immer die *anderen*.
Die *anderen* sind nie *wir*.
Wir können da ja nichts machen.
Machen wir doch nicht immer nichts.
Apropos *machen*:
Mit Tieren lässt sich zunehmend mehr Geschäft machen.
Der Heimtierbedarf-Diskonter Nummer eins macht eine Milliarde Euro Umsatz im Jahr,
Tendenz steigend.
Hunde sind gut fürs Betriebsklima, sagt der *Fressnapf*-Chef.
Seit Kurzem gibt es den ersten österreichischen Hundeflüsterer.

Einen staatlich anerkannten Tier-Energetiker, der den Tieren über den Blasenmeridian streichelt, ihnen seine heilenden Hände auflegt und dafür natürlich ordentlich abkassiert.
Unlängst eröffnete auch Wiens erste Hundebäckerei.
Es gibt dort Geburtstagstorten für jeden Hund.
Und es werden selbstverständlich auch Welpen-Partys ausgerichtet.
Reconcile, das Antidepressivum für den Hund, ist längst auf dem Markt.
Der Hundeseelentröster schmeckt nach Fleischwurst und hilft dem tristen Tier in Notlagen.
Apropos *Notlagen:*
Obdachlose wissen zu berichten: Mit Hund bettelt's sich besser.

Jaja, wir haben alle ein großes, großes Herz für Tiere.
Jaja, die Halterinnen und Halter lieben ihre Waukerl, Putzerl, Schnuggerl.
5 % der Halterinnen und Halter haben überdies regelmäßig Sex mit ihrem Haustier.
Jaja, dein Haustier mag dich so, wie du bist!

Was sind das für Leute, die sagen:
Ach, ein Hund, ein Hund ist auch nur ein Mensch!
Was sind das für Leute, die sagen:
Na ja, also ich schau mir diese Tierpornos ja nur an, aber wer so etwas wirklich braucht, also der, der muss schon echt krank sein.
Was sind das für Leute,
die ihr Tier Franz Ferdinand Gustav der XII. nennen?
Was sind das für Leute,
die ihren Bello Knurrtöle, Krawallwachtel, Schlabberschlöte, Lefzenlusche, Fletschfresse, Schlierenschnauze oder Dreckskläffbeule nennen?
Was sind das für Leute,
die Auftragsvortragstexte schreiben, um nicht vor die Hunde zu gehen?
Was sind das für Leute?
Die Leute sind immer die *anderen*.

Die *anderen* sind nie *wir.*
Wir können da ja nichts machen.
Oh doch!
Machen wir einfach die Augen, Ohren und gelegentlich den Mund auf.
Aber machen wir vor allem nicht jeden Schwachsinn mit.
Das würde eigentlich genügen.

Punktewertung Herren					
Ranking	1	2	3	4	5
	6	7	8	9	10
Schlimm, nicht schlimm, am schlimmsten: 0					

Alles ist möglich

100 % ORIGINAL MIEZE MEDUSA

Alles ist möglich, aber nicht alles ist wahrscheinlich. Es ist möglich, dass Madonna für immer jung bleibt, es ist aber nicht wahrscheinlich. Es ist möglich, dass Markus Köhle den Literaturnobelpreis bekommt, es ist aber nicht wahrscheinlich. Das immerhin hab ich mit Markus Köhle und wir beide mit Bob Dylan gemeinsam.
Auch der Weltuntergang ist unverändert unwahrscheinlich. Die Spätfolgen unserer Taten und unseres Nichtstuns, also unserer Untaten, sind aller Voraussicht nach auszubaden. Bisherige Prognosen ohne den geringsten Anspruch an Vollständigkeit: Weltuntergang im Jahr 44 nach Christus, 195 nach Christus, 964 nach Christus, am Freitag, den 13. im Jahr 1925, im Jahr 3100 vor Christus … Die Zeugen Jehovas setzen den Weltuntergang im Jahr 1874, 1878, 1881, 1910, 1914, 1918, 1941, 1975, 1984 oder 1994 an. Andere vermuten: Das größte Kawumm aller Zeiten passiert dann, wenn der Mond in Allianz mit dem Halleyschen Kometen im Quadranten links hinter dem Restaurant am Ende der Welt vorbeizieht, oder dann, wenn der Y2K-Bug die Computerwelt, also die ganze Welt, lahmlegt, oder dann, wenn die Kinder nicht mehr gscheit grüßen, oder – frei nach den Mayas – irgendwann im Herbst 2012. Ich überlasse es euch, ob ihr euch jetzt noch einen Wintermantel im Abverkauf zulegt.

Aber nein, die Welt geht nicht unter, sie verändert sich nur. Der Ausritt ins kollektive Paradies muss warten. Endzeitszenarien sind Erlösungsfantasien. Früher träumte man von Gott, Zeus, Apollo, Agamemnon, Hitler, Nietzsche oder Günter Grass. Heute träumt man von Justin Bieber, Lady Gaga und von einem grünhäutigen Alien mit so süßen Antennen da, wo sonst die Ohren sind, und dieses grünhäutige Alien hat zufällig eine kostengünstige und energieeffiziente Methode zur, nur so zum Beispiel, Umwandlung von Wasser in Wein, von Rohkost in Rohöl, von Weltbank in Parkbank, von Unmensch in Übermensch im Reisegepäck.

Denn, wenn dieses grünhäutige Alien mit den süßen Antennen, dort, wo sonst die Ohren sind, und dem unbestimmten Nichts unter einem glitzernden Umhang, dort, wo sonst die primären und sekundären Geschlechtsmerkmale sind, nicht kommt oder schon kommt, aber blöderweise eben nicht weiß, wie man, nur so zum Beispiel, Wasser in Wein, Unhold in Unschuld oder Sonnenstrahlen in Strom verwandeln kann, dann haben wir die Trillionen US-Dollar, die Unmengen russischer Rubel und den verhältnismäßig kleinen, aber immer noch beachtlichen EURO-Betrag umsonst ins Weltall gepulvert, dann haben wir einer goldenen Schallplatte umsonst Bon Voyage gewünscht, dann sind wir umsonst stolz darauf, dass wir eine Apollo-Mission mit Hilfe von Sportsocken und ein paar Physiknobelpreiskandidaten vom Absaufen im All abhalten konnten. Der Run auf den Weltraum ist eine Allmachtsfantasie, die Betonung liegt dabei auf Fantasie.

Aber hey!
Alles ist möglich.
Ich misch mich da nicht groß ein. Ich will den Zeugen Jehovas nicht den Spaß verderben. Auch der NASA nicht, den Russen am Allerwenigsten. Leben und leben lassen. Außerdem: Ich erzähl ja auch nicht jedem Kind, dass es den Weihnachtsmann nicht gibt.

Es ist möglich, dass auf dem Himmelskörper XPE4239887442345 möglicherweise menschenähnliches Leben möglich ist oder möglich gemacht werden kann, Wasserstoff gibt es schon mal.
Es ist möglich, dass tödliche Erreger sich via Biogurken verbreiten, es ist aber nicht wahrscheinlich.
Es ist möglich, dass die Ehec-Erreger-Kampagne eine geplante Verunglimpfung der Biorohkost durch die Kosmetikindustrie war, denn mit Biogurkenmasken verdient es sich viel weniger leicht Geld als mit Kosmetika auf Tierversuchsbasis.
Es ist möglich, mit einer Tunnelgrabvorrichtung, die dem Wurm von *Dune*, dem Wüstenplaneten, verblüffend ähnlich schaut, durch die harte Schale der Erde zum glühenden Kern durchzubuddeln, dann nämlich, wenn der glühende Kern der Erde gar nicht mehr so glüht, und sich vor allem nicht mehr dreht, und dort dann eine Atombombe

per Hand so zu zünden, dass der glühende Kern der Erde die Rotation wieder aufnimmt, und so die Menschheit zu retten. Es ist aber nicht wahrscheinlich.
Es ist möglich, regulär mit 65 Jahren in Pension zu gehen, es ist aber nicht sehr wahrscheinlich, zumal in Österreich.
Es ist möglich, dass Mogli erwachsen geworden ist und ein Rezept für die Erhaltung des Regenwaldes gefunden hat.
Es ist aber auch möglich, dass Mogli erwachsen geworden ist, eine Karriere als Bankkaufmann gemacht hat und mit 55 Jahren in Pension geht – Hacklerregelung sei Dank!
Es ist möglich, dass Österreich Fußballweltmeister wird …
Es ist möglich, Sonnenstrahlen in Strom zu verwandeln, es ist aber …

Halt!
Die Verwandlung von Sonnenstrahlen in Strom nennt man Ökostrom. Der ist im Handel erhältlich. Ökostromendverbraucher heben jetzt bitte die Hand!

Richtig gesehen! Meine Hand bleibt auch unten. Da hab ich schon wieder drauf vergessen, der meiste Strom kommt in Österreich ja eh aus der Wasserkraft oder aus der Steckdose, das ist so lästig mit den Formularen und außerdem: Ich trenn ja eh Müll, und neulich war ich auf einer Demo.

Die Welt geht nicht unter, wir verändern sie nur.
Statt Krill gibt's jetzt Plastikmüll.
Statt Ferienlager – Atommüllendlager.
Statt Grammofon – Androidtelefon.
Statt Lesung mit Wasserglas – Poetry-Slam-Rebellion.
Statt Mann im Mond gibt's Maus on Mars.
Statt Politiker mit Vision gibt es Nulldefizit mit ordentlich Provision für die Verscherbler der staatlichen Immobilien.
Statt Eigenverantwortung gibt's Unschuldsvermutung.
Statt ausreichend Staat gibt's »Jetzt hamma den Salat«.

Ob ich's mir zu einfach mache?

Als Stromkonsument, als Mensch, als Slamtextreferent?
Keine Frage.

Doch die Welt geht nicht unter, sie verändert sich nur.
Aus der Wiege für Menschen wird ein Habitat für Kakerlaken.
Der Weltuntergang folgt, wir müssen nur abwarten.
Im Jahr 450 000 000 000 nach Christus oder Zeus oder Madonna oder Bob Dylan oder Justin Bieber plustert sich die Sonne zu einem roten Riesen auf und die Welt steht ihr dabei im Weg. Pech gehabt, das war's dann. Vielleicht lässt sich das aber auch verhindern.
Es ist möglich, dass dann eine bemannte, oder – wahrscheinlicher – eine bekakerlakte Weltraummission die Welt rettet. Alles ist möglich, aber nicht alles ist gleich wahrscheinlich.
Besser wäre es, wir finden bis dahin ein Auskommen.
Achten wir also auf unseren Fußabdruck.

Punktewertung Damen					
Ranking	1	2	3	4	5
	6	7	8	9	10
Einfach, wahrscheinlich und möglich: 0					

ÜABC und dDiA
Über Authentizität, Bühnenkompatibilität, Charme und das Dichten im Allgemeinen)
oder: So wird das Nichts. Das wird so nichts.

Aus der Serie: Innere Zwiespaltsdialoge

Bimmm.
Bimmm.
Bam-bim, klingeling.
Mir ist, als hörte ich was läuten.
Was läuten, lärmen, klöppeln, klingeln – laut.
Es ist, als störte ich was Großes.
Was Großes, Starkes, Stetes, Fremdes – fest.
Doch tut sich mir nicht auf, der Funke einer Schuld.
Auch bring ich sie nicht auf, die nötige Geduld.
Ich wüte also munter wild drauflos.
Ich rufe, schreie, klopfe unentwegt.
Das tut gut, macht Mut, macht groß, bloß:
Es ist mein Echo, das mich aufgeregt.

Mein Echo also, mein Hall, mein Alter Ego.
Mein zweites Ich in mir macht Lärm, sagt:
Sprich mit mir und lern doch endlich mal die Zeichen deuten.
Bimmm.
Bimmm.
Bam-bim, klingeling.
Ich will nicht immer erst mit der großen Glocke läuten müssen.

Ich hoffe, das kapierst du jetzt, und nun aber weiter im Text.
Im Text? Was war das noch? Ich bin verwirrt ... Weiß nicht, von was du sprichst, hab dein Läuten doch eben erst gespürt, gehört, vernommen.
Und ja, was soll ich sagen, nun bin ich erst mal etwas beklommen, geknickt, ernüchtert.
Nicht nur vom Leben allgemein, sondern auch von dir eingeschüchtert, gemaßregelt, zurechtgewiesen.
Und da soll'n nun munter-flockig Textideen sprießen?
So geht das nicht – das geht so nicht.
So kann ich nicht dichten.
So wird das nichts, so tümpelt's bloß und spaßig?
Nein, mitnichten, von wegen, kaum vorstellbar.
Ich komm ja mit mir selbst nicht klar.
Bin mit mir nicht im Reinen, und im Reimen zu verhalten.
Und nun soll ich auf einmal einen genehmen Text gestalten?
Zum Gaudium, für Publikum, zum Lachen, Schmunzeln, sich betroffen Zeigen.
Das mach ich nicht, das kann ich nicht, das lass ich lieber bleiben.

So geht das nicht – das geht so nicht, nicht auf dieser Bühne.
Verpacke dich in einen Text und wähle eine kühne Einleitung, Begrüßung, Kontaktaufnahme.
Sag, dir geht es schlecht, du bist ein trauriger Geselle, Knabe, Jungspund.
Und stündest nur aus einem Grund heut hier an dieser Stelle, auf dieser Bühne, diesen Brettern.
Um endlich mal vor allen Leuten deinen Weltschmerz rauszuschmettern, posaunen, blasen.
Und hinterher dann eventuell in Mitleidsfeldern zu grasen, also zu dürfen.
Um endlich mal von jemandem auf Erden gehört, erhört, erkannt zu werden.
Sag: Also diesen Text habe ich eigens für diesen Ort (Ort einsetzen) geschrieben.
Das glaubt man dir, das merkt man gleich, das wirkt nicht übertrieben.
Sag: Also, der Titel kommt zwar aus der Frisör-Salon-Welt,

wird aber hier metaphorisch mit dem Leben gleichgestellt.
Sag: Der Titel lautet – und nun werd' lauter:
Schlurffrisur!
Oder: Ich gehöre einfach einmal ordentlich durchgebürstet.
Und jetzt leg los und häng dich rein und denk daran: authentisch sein!

Okay, ich versuch's: Schlurffrisur oder ich gehöre einfach einmal ordentlich durchgekämmt
Gebürstet!
Gebürstet
Das Leben lockt, doch meins hat Spliss.
Ich franse aus und schuppe.
Das Leben bockt und ich hab Schiss.
Ich würd gern sagen: mir doch schnuppe!

Doch dem ist nicht so – so ist dem nicht.
Ich krieg's nicht auf die Reihe.
Ich strebe mutig nach mehr Licht.
Auf dass mich dieses dann befreie.

Jedoch einstweilen noch bin ich versplisst.
Und all das Locken, Locken, Locken.
Das Dies und Das, ein Piece und Spaß.
Haut mich nicht aus den Socken.

Ich suche noch nach meinem Schnitt.
Ach, wär's doch ein fetter Afro.
Der machte mich fürs Dasein fit.
Doch … dem ist nicht so – so ist dem nicht.
Ich bin noch immer trübe.
Ich sehe nicht was Lust verspricht.
So sehr ich mich bemühe.

Das Leben lockt, doch meins hat Spliss.
Ich franse aus und schuppe.
Das Leben bockt und ich hab Schiss.

Ich würd gern sagen: Mir doch schnuppe!
Mein Herz – tatat, tatat, tatat.
Mein Herz, das pocht, als ob nichts wär'.
Mein Herz braucht eine Brille.
Dann säh' auch ich vom Schönen mehr.
Nicht immer nur die Gülle.

Doch dem ist nicht so, so ist dem nicht – zumindest noch nicht *jetzt*.
Bisher hab ich aus Eigenschuld aufs falsche Pferd gesetzt.
Das will ich ändern, von heute an, man nehme mich beim Wort.
Ab nun sind Witz und Frohsinn dran, wenn nicht, dann jagt mich fort.

Dann jagt mich runter von der Bühne, schlagt mich mit nassen Fetzen.
Es sei mir recht, ich will's verstehen und mich gleich wieder setzen.
Doch habt ihr was gefunden, und sei's auch noch so klitze-klitze-klitze-klein, was euch etwas berührt.
Dann habt ihr – wie ich soeben – euch selber grad gespürt.

Ist dem so? Ja …? Ist dem so?
Na, dann ist ja alles prächtig.
Ich höre auf und gehe ab und ihr klatscht alle heftig.

Punktewertung Herren					
Ranking	1	2	3	4	5
	6	7	8	9	10
Gemaßregelt und zurechtgewiesen: 0					

Hoch! Die! Internationalalalala...

100 % ORIGINAL MIEZE MEDUSA

Wir brauchen neue Lieder, die alten taugen nicht mehr.
Es hat sich was getan im Land, zumindest was Musik betrifft,
wir brauchen neue Lieder, die alten singen wir nicht mehr.
Die klingen nach Dingen, die finden wir in uns nicht mehr.
Die klingen nach Krieg, nach Barrikaden, nach Nachladen, nach Essen kochen und es dann quer durch Schusswechsel zur Front tragen, und den Tellerberg ohne Nachfragen und Klagen auch noch abtragen. Wir waren Universal-Tellerwäscher, jetzt sind wir Spülmaschinen-Nachlader. Uns wurde nie ein Rosengarten versprochen, doch seit die Schütte-Lihotzky mal nachdachte, bekommen wir die Einbauküche komplett mit Marken-Spülmaschine ohne nachzufragen, wenn auch auf Raten, und die macht drei Pfiffe, drei Pfiffe, drei Pfiffe im Küchenwald.

Wir brauchen neue Lieder, die alten taugen nicht mehr.
Es hat sich was getan im Land, zumindest was Musik betrifft,
wir brauchen neue Lieder, die alten singen wir nicht mehr.
Ich hör jetzt Rap, du Rock, dort hört wer Schlager,
und sie, sie hört so Drone-Noise-Experiment-Zeug ohne Text,
und wenn dann doch mit Text, dann hörst du Lovesongs, also so Songs about Love, wo die Politik, wenn überhaupt, im Nebensatz zu finden ist. Und du da, du da drüben, du bist noch nicht ganz da im Heute und Hier, trinkst Whisky, bis deine Stimme rauchig ist, wie die von ihr, und singst: »Freedom's just another word for nothing left to lose, nothing left is all there's left to me.«
Und das klingt immer noch gut. Aber es stimmt nicht.
Und das klingt immer noch wahr, doch das war's nie.
Freiheit ist kein Verlustgeschäft, doch Freiheit verliert sich, wenn man zu oft Kostennutzenabrechnungen zulässt.
Und Freiheit ist das, was man sich selbst gibt.

Bescheidenheit das, was frau Probleme macht.
Mädchen, versteh doch: Nur weil du laut sagst, wie gut du was
kannst, und was dir dafür zusteht – ja! auch Geld! – bist du noch
nicht selbstverliebt.

In Erwägung deiner Erregung bei Themen wie Binnen-I,
Grundeinkommen, gleiche Bezahlung und Pflege von Kindern und
Alten und Brauchtum,
erwäge ich: *Schritte.*
In Erwägung meiner Erregung bei Dingen wie Ungleichbezahlung,
Ungleichbehandlung und ungleiche Teilung der Arbeit daheim,
erwägst du: *keine Schritte.*
Nur Worte in Hülsen.
Erklärung als Absicht.
Vertröstung auf morgen.
Wir fordern nur das, was uns zusteht, und hören dann immer wieder
die alte Leier:
Das geht sich halt leider in diesem Jahr wieder nicht aus.
Das geht sich halt leider in diesem Jahr wieder nicht aus.
Das geht sich halt leider in diesem Jahr wieder nicht aus.

Wir brauchen neue Lieder, die alten singen wir nicht mehr.
Es hat sich was getan im Land, zumindest was Musik betrifft.
Wir brauchen neue Lieder, die alten singen wir nicht mehr.
Die klingen nach Dingen, die finden wir in uns nicht mehr.
Wir glauben zwar, glauben dem Ruf nach Gemeinschaft –
Vernetzung ist wichtig, doch denken wir nicht automatisch:
Gewerkschaft!

Und ohne euch reicht für uns schon, hat Brecht gesagt,
doch brächt ich es nicht übers Herz, ihm zu sagen, wie recht er hat,
denn jedes Brecht-Zitat bringt mir nur Ärger, ich denk dran, wer ihm
seine Drecksarbeit machte, dem Drecksack.
Schneewittchen, sag schon, wie geht das Zerschlagen vom Glassarg?
Hast du da Erfahrungswert? Gilt der auch für Decken?
»Schlag nicht so zaghaft«, sagst du.

»Verschlaf nicht den Zeitpunkt«, sagst du.
»Wart nicht zu lang«, sagst du.
»Schlag zu, solang du Kraft dazu hast!«
Und dann pfeif drei Pfiffe, dann pfeif drei Pfiffe, dann pfeif drei Pfiffe!
Damit die, die dir nachkommt im Glassarkophag, die Stelle mit Riss weiß!

Und ohne euch reicht für uns schon, hat Brecht gesagt,
doch brächt ich es nicht übers Herz, ihm zu sagen, wie recht er hat,
denn jedes Brechtzitat bringt mir nur Ärger – ich denk dran, wer ihm seine Textarbeit machte, dem Drecksack.
Schneewittchen, sag schon, wie geht das Zerschlagen vom Glassarg?
Hast du da Erfahrungswert? Gilt der auch für Decken?
»Schlag nicht so zaghaft«, sagst du.
»Verschlaf nicht den Zeitpunkt«, sagst du.
»Wart nicht zu lang«, sagst du.
»Schlag zu, solang du Kraft dazu hast!«
Und dann pfeif: drei Pfiffe, dann pfeif: drei Pfiffe, dann pfeif: drei Pfiffe!
Damit die, die dir nachkommt im Glassarkophag, die Stelle mit Riss weiß!

Punktewertung Damen					
Ranking	1	2	3	4	5
	6	7	8	9	10
Es geht sich schon wieder nicht aus: 0					

Wurschteln statt wüten!

Oder: Einst war Österreich eine Strauss-Operette, dann ein Heimatfilm mit Romy Schneider, und nun ist es ein Raimund-Theater-Musical mit Spindelegger, Strache und Faymann in den Hauptrollen.

100 % ORIGINAL MARKUS KÖHLE

Der Wutbürger ist zwar in aller Munde. Aber in Österreich gibt es diese Spezies nicht.
In Österreich ist man grantig – nicht wütend.
Des Österreichers Devise lautet:
WURSCHTELN STATT WÜTEN! (alle)

Wutbürger sind hierzulande undenkbar, weil es – abgesehen von schwer veralteten Splittergruppen im 1., 8., 18. und 19. Bezirk – ganz einfach keine klassischen Bürger mehr gibt. Es gibt keinen stabilen, aufgeklärten Mittelstand. Es gibt Beamte, ja, aber auch immer weniger, und unzählige dauerprekäre Freiberufler, mehr nicht. Drüber viel Ober-, drunter viel Unterschicht. In der Oberschicht mittlerweile frappierend viele Berater, Vermittler, Lobbyisten und sonstiges zwielichtiges neureiches Gesocks mit blauem politischen Anstrich. In der Unterschicht alles, was nicht geerbt, gewonnen oder Glück gehabt hat.
Da kann man nix machen. Das nimmt man hin.
WURSCHTELN STATT WÜTEN!

Wut lässt man gar nicht erst aufkommen. Die wird, bevor sie sich artikulieren kann, systematisch ersäuft. Diese Methode hat sich bewährt. Hat man die Wut mit Wein, Bier, Most oder Destilliertem weichgeklopft, kann man sich mit allem arrangieren.
WURSCHTELN STATT WÜTEN!

Auf diese Weise werden Aufträge vergeben, Budgets verhandelt und Gesetze gemacht. Auf diese Weise dürften einige der führenden Köpfe der österreichischen Bundesregierung rekrutiert worden sein. Denn: Was hohl ist, schwimmt oben auf, was hohl ist, schwappt an die Oberfläche. Egal, ob ein luftiges Leichtgewicht wie Spindelegger, ein aufgeblasener Popanz wie Strache, oder eine vollkommen brainoutgesourcte Phrasendreschhülle wie die Kanzlerkarikatur Faymann. So klein kann man gar nicht sein, um in Österreich nicht doch ganz groß rauszukommen (und ich spreche hier nicht von Nadine Beiler). So unbedeutend und verfilzt kann eine Biografie gar nicht sein, um in Österreich nicht doch groß politische Karriere damit zu machen.
WURSCHTELN STATT WÜTEN!

In der österreichischen Politik werden Nägel ohne Köpfe gemacht. Nein, präziser: In Österreich wird Politik von vernagelten Kopflosen gemacht. Österreichs Politiker sind allenfalls Dübel, Platzhalter, Stabilisatoren der althergebrachten Machtstrukturen. Die krisengebeutelten Staaten werden jetzt von Technokraten regiert. In Österreich ist jeder hörige Bauernbundschädel mehr wert als ein offenkundig weltgewandter Experte.
WURSCHTELN STATT WÜTEN!

Mäh, sagt die blökende Basis, mäh, mäh, mäh, und: Eh klar, den Bauernbundschädel hat man sich ja auch jahrelang in den Landesorganisationen zurechtgeschliffen. Der blieb brav da und ging nicht in die weite Welt, um sich zu profilieren. In der weiten Welt holt man sich nämlich kein tiefes Traktorreifenprofil, bloß Flügel. In der weiten Welt wird man abgehoben, nicht erdverbunden. Der Österreicher ist aber heimat- und erdverbunden. Das mit den Flügeln mag bei

Mateschitz und Lauda funktioniert haben, aber der Durchschnittsösterreicher ist fest am Boden verankert. Der Durchschnittsösterreicher ist sogar mitunter ungespitzt in den Boden geschlagen. Der Durchschnittsösterreicher ist gerne unter der Erde, im Untergrund, im Keller. Egal ob Wein-, Fitness- oder Familienkeller. Der Durchschnittsösterreicher hat halt so seine Leichen im Keller, und wer von euch ohne Kellerleiche ist, der werfe den ersten Heurigen-Doppler, scherzt der Rund-um-die-Uhr-Parteiarbeiter, und in der Politik, so schlussfolgert der trinkfeste Nachwuchskader aus der tiefsten Provinz, in der Politik braucht man ordentlichen Durchschnitt, so wie man in der Semmel ordentlich Aufschnitt braucht. Denn essen ist wichtiger als denken.
WURSCHTELN STATT WÜTEN!

Der Kühlschrank ist der österreichische Denkpanzer. Hat man was im Bauch, muss man nicht auch noch was im Kopf haben. Es gibt erwiesenermaßen mehr Sauwampen in Österreich als Elefantenhirne. Der Elefant als Gesamterscheinung allerdings ist dem Durchschnittsöster-reicher durchaus sympathisch: dicke Haut, gemütlich, immer Appetit und einen mords Durst. In diesem Sinne: Prost! Denn alles lässt sich schöntrinken, und wenn etwas nicht wirklich schlimm ist, dann passt's ja eh, gell!? Des Österreichers Devise ist, und das nicht nur in der Politik:
WURSCHTELN STATT WÜTEN!
Aber hinterher dann auf jeden Fall ordentlich keppeln.

Punktewertung Herren					
Ranking	1	2	3	4	5
	6	7	8	9	10
Immer nur Würstel: 0					

Warum noch immer kein Schwein weiß, was ein Gedicht ist, aber jeder Trottel glaubt, es wissen zu müssen!

100 % ORIGINAL MARKUS KÖHLE

NEIN, GEDICHTER SIND DAS KEIN! (alle)
So kommentiert der Feuilleton-Chef des lokalen Qualitäts-Print-Mediums im Besitz des Springer-Konzerns seinen ersten Poetry-Slam-Besuch. Das sind doch bloß syntaktische Verfädelungen und Klanggirlanden im Unterholz der Sprachverbuschung, versehen mit verkapptem Bedeutungs-Winke-Winke. In literaturhistorischem Kontext betrachtet, ist das doch alles ein alter Hut und im Prinzip längst gegessen. Sagt er.
Ich sag: Vom Prinzip ernährt man sich aber schlecht und füge leise hinzu: Dann schon eher von Backstage-Freibier und Siegerschnaps.

NEIN, GEDICHTER SIND DAS KEIN!
Brabbel-brummt der lokale Starjournalist noch immer, pöbelt sich durch zum Ausgang und tippt schon den Verriss in sein iPhone. Gedichter brauchen doch, Gedichter müssten doch, Gedichter sollten doch auch ohne ... zetert er echauffiert und verlangt sein Geld zurück, obwohl er mit Presseausweis ja ohnehin gratis reinkam.
Ich sag: Erst wenn das letzte Urteil gefällt, das letzte Wortspiel gefischt, der letzte Reim gebogen, werdet ihr feststellen, dass man Selbstherrlichkeit nicht fressen kann.

NEIN, GEDICHTER SIND DAS KEIN!
Behauptet der Poetry-Slam-Neuling, der zum ersten Mal bei einem

Slam war, gleich mitmachte und auch gleich Vorschläge hat, wie das
doch eigentlich ablaufen sollte, und dass man doch nicht Äpfel mit
Birnen, Prosa mit Lyrik, Politik mit Satire vergleichen dürfe, weil das ja
doch alles gaaanz unterschiedlich und überhaupt und außerdem:
Wettbewerb – ganz, ganz schwierig!
Ich sag: Wenn ich mich auf Reim und Metrum stürze,
meine Verse kreuze und mit schrägen Bildern würze,
wenn ich zum Beispiel Sehnsucht »Restspürspuren« nenne,
mich somit als melancholisch schwer versehrt bekenne,
dann mach ich das nicht nur des Dichtens wegen,
um Sprache, Rhythmus, Klang etc. zu pflegen.
Nein, dann will ich ganz Gefühlsbenennungslückenbüßer sein,
will als Sentimentssubjektivitätsgradmesser dienen,
bin Identifikationsfigur für interhumani-tä-täre Pein.
Ein Empathieexempel statuiert vor euch, vor Ihnen,
per Du, per Sie, pervers, perfekt, egal, wenn's bloß präsent ist.
Und er, sie, es, und du damit, dadurch, deshalb nicht nur die ander'n
disst, Word up! Respect the poets! Und Heavy Metal,
ein Po-Po-Poetry Slam ist kein Hi-Hi-HipHop-Battle!

NEIN, GEDICHTER SIND DAS KEIN!
Artikuliert der Oberlehrer im Vorruhestand. Aber besser die Jugend
suhlt sich im Slam, als sie zündet Autos an.
Ich sag: Die *Goldenen Zitronen* singen: »Ich halte brennende Autos
für ein starkes Ausdrucksmittel, getraue mich aber nicht, eines anzu-
zünden, da ich viele Freunde habe, die die Beschädigung ihres Autos
für einen Angriff auf ihre Persönlichkeit halten würden.«

NA, GEDICHTLAN SAN DES KOA!
Moant da Mundartdichter Sepp Steigenreiter aus dem salzburgischen
Pongau, dessen Mundartgedichtband *Dahoam in der Huamat. Lyrisch-
autobiografische Impressionen eines Patrioten* soeben beim Verlag
Land, Leute und Heimat in die 7. Auflage ging.
I sog: Schu guat Sepp, schu guat.

NEIN, GEDICHTER SIND DAS KEIN!
Heute gehört, morgen vergessen, weissagt der
Nachhaltigkeitsfanatiker. Ganz meine Meinung, sag ich, als sprachphilosophisch angehauchter, reflexionsfixierter Slammer, denn: Du sollst
bei all dem omnipräsenten Wissen die reinigende Qualität des
Vergessens nicht missen.
Ganz meine Meinung, sag ich auch als bierangehauchter, backstagekühlschrankfixierter Slammer, denn: Ich gebe zu, dass ich im Sinne der
psychohygienischen Kraft des Vergessens eingestehen muss: Mein
Tages-, Abend- und Slamziel ist der gute, alte Promilleblattschuss!

NEIN, GEDICHTER SIND DAS KEIN!
Sagt der, der keine Ahnung hat, aber stur genug ist, auf seiner grammatikalisch-gemurkst-gestammelten Aussage unreflektiert und unkorrigiert zu beharren. Ganz nach dem Motto: Wenn schon dumm, dann
mit Vehemenz und Nachhaltigkeit. Das hat in Österreich noch immer
funktioniert. Hat etwa Feschak, Föhnwelle, Ex-Finanzminister Grasser
seine Fehler eingesehen oder gar die Konsequenzen daraus gezogen?
Eben. »Ich habe meine kanadischen Wertpapierfonds etwas aus den
Augen verloren«, sagt der werte Herr-Fiona-Swarovski-Begatter.
Ich sag: Werter Herr Ich-lese-meine-Fanpost-im-Fernsehen-vor-und-mache-einen-auf-weiße-Weste-und-weißes-Hemd (mit zwei Knöpfen
offen). Sie haben während Ihrer Zeit als Finanzminister Steuern hinterzogen und gleichzeitig den Zeitraum der Zurückverfolgung für
Steuersünden verkürzt. Ich sag:

NEIN, GEDICHTER SIND DAS KEIN!
Das ist vielmehr ein österreichischer Real-Skandal-Splatter ohne Ende.
Ich sag: Grasser geht's nicht!
Ihr sagt's auch: GRASSER GEHT'S NICHT!

Jetzt reicht's aber! Poltert der von sich überzeugte Pauschalaburteiler.
Aber für ein Gedicht reicht das noch lange nicht!
Ich frag: Was soll denn das heißen? Es reicht oder es reicht nicht?
Wenn wer wüsste, was ein Gedicht ist, dann hätte nicht nur dieses jeglichen Zauber verloren, sondern auch jener den Jackpot seines Lebens

geknackt und lebte fortan in Reichtum. Die Dichtung hingegen stürbe (schöner Konjunktiv, ich weiß) wohl in, nein, vielmehr *an* Armut.
Und das soll jetzt eine Schlusspointe gewesen sein? Keppelt der an der Bar Lehnende, zwar nicht Neunmalkluge, aber laut Eigenmeinung immer noch doppelt so Gescheite und mindestens so Talentierte wie all die Auftretenden.
Worauf ich abschließend anmerke:
Man kann es drehen und wenden, wie man will.
Ein Gedicht ist immer genauso viel wert, wie man gewillt ist, ihm Wert beizumessen.
All die hehren Kategorien, Wertungen und Urteile hingegen kann man getrost vergessen.

Punktewertung Herren					
Ranking	1	2	3	4	5
	6	7	8	9	10
Perfekt, immer präsent und nie pervers: 0					

RÜCKSCHLAG

Mieze, s'isch Zeit

Mieze, s'isch Zeit, sagt meine innere Stimme zu mir, und die äußeren Stimmen stimmen zu. Die Zeiten sind schlecht, seit einigen Jahren regiert der Mann mit dem Strahlemannlächeln und der Parteifarbe in den Augen das Land und hat mit Österreich das gemacht, was Haider und seine Buberlpartie mit Kärnten gemacht haben: nämlich einen fetten Bankrott. Es gibt keine Jobs mehr, es gibt keine Ausbildungsplätze mehr, das Bildungsbudget ist sowieso ein Witz, an der Uni kann man nur noch Ethnologie studieren. Dort lernt man, verschiedene Trachten österreichischen Bezirken zuzuordnen, und welche Art von Kopftuch eine Tracht ist, und welche Art von Kopftuch der Feind trägt. Der ist aber weg. Es gibt, wie gesagt, keine Jobs mehr. Österreich taucht nur noch in warnenden Berichten der Weltgesundheitsorganisation auf; wir sind ein Krisenherd und auf dem wird schon lang nicht mehr gekocht. Es gibt kein Kebab mehr, was den Mann mit dem Strahlemannlächeln und der Parteifarbe in den Augen vielleicht freut, mich aber nicht, es gibt aber auch kein Schnitzel mehr. Verschiedene Poetry SlammerInnen wurden schon auf den Straßen gesichtet mit so einem Karton in der Hand, auf dem steht: *Will slam for food!*

Mieze, s'isch Zeit, denke ich mir. Strom und Gas sind abgedreht. Mein Konto gibt nichts mehr her. Schlägertrupps mit der Parteifarbe in den Augen folgen mir manchmal nachhause und überprüfen, ob ich Österreicherin genug bin. Ich habe leider immer noch nicht gelernt, meinen Mund zu halten, den finde ich blutend am Asphalt wieder. *Nestbeschmutzer*, schreit einer noch, tritt mir in die Nieren, dann zieht er ab.

Mieze, s'isch Zeit, denke ich mir. Ich liebe meine Heimat, ich will hier nicht weg, aber irgendwie haben wir alle übersehen, was in den letzten Jahren passiert ist, haben weggeschaut, haben, wenn überhaupt, gelangweilt ein Wahlkreuzchen gemacht, gelegentlich demonstriert, haben nicht bemerkt, dass sich hier grad was ändert, haben die Anzeichen nicht gesehen. »Selbst schuld!«, schreit die Welt, und sie hat ja recht, die Welt, aber ich habe nichts zu essen, ich habe keine Zukunft, und ich habe Angst.

Also fahre ich nach Tirol. Suche einen Schützenverband, lausche den Reden, höre der Blaskapelle zu, bekomme eine Portion Pommes spendiert, wieder kein Schnitzel, aber einen Schnaps natürlich. Dann unterzeichne ich den Vertrag für einen Kredit, der mir die Ausreise ermöglichen soll, ohne das Kleingedruckte zu lesen. Die Ausreise klappt problemlos, die Ausreise ist ohnehin nicht das Problem, die Einreise ist es.

»Bitte«, sag ich zur Uniform hinter dem Tisch, »ich suche um wirtschaftliches Asyl an.« Dabei bewege ich meine Stimmbänder ähnlich akrobatisch wie Ellen DeGeneres in ihrem unglaublichen Comeback als vergesslicher Doktorfisch in *Finding Nemo*. Ich versuche Walisch zu sprechen. Die Uniform hinter dem Tisch hat nämlich Schlitzaugen, und die mit den Schlitzaugen, die sprechen doch so Sprachen, wo nicht nur die Silben richtig sitzen müssen, sie müssen auch die richtige Tonhöhe haben.

Die Uniform beäugt misstrauisch meinen Pass, sie beäugt misstrauisch meinen Kontoauszug, in dem ich die vorgeschriebene Einlage nachweise, und wirft einen abschätzigen Blick auf meinen Mietvertrag. Ich habe in einem Vorort eines Randbezirks von Schanghai eine Schlafstelle aufgetrieben. Die Vermittlung und die Kaution für 2 m² Matratze mit einem Plastikbehälter darunter haben mich meinen voll ausgeschöpften Lebenskreditrahmen gekostet, aber es ist immerhin ein Vorort eines Randbezirks von Schanghai, nicht einer von Lhangzou oder einer von einer Stadt, deren Namen Wikipedia nicht mal kennt. Der Beamte schaut so komisch, ich schwitze. Der Beamte winkt mich weg, ich raffe meine Zettel zusammen und verlasse die Schlange. Es dauert einige Zeit, bis ich draufkomme, was offensichtlich hätte sein können. Ich habe mich falsch angestellt. Ich stelle mich neu an, hoffe, dass ich diesmal richtig stehe.

Die Uniform ist jetzt weiblich, ansonsten bemerke ich keinen Unterschied. Sie beäugt meinen Pass, studiert meinen Kontoauszug. Mein ärztliches Attest, ausgestellt von meinem Hausarzt, zerreißt sie, dann winkt sie mich aus der Reihe raus und deutet auf eine andere Schlange.

»Bitte«, sag ich zum Kittel hinter dem Tisch, »bitte, ich suche um wirtschaftliches Asyl an.« Der Kittel nimmt mein Blut ab. Die Werte will ich nicht kennen, ich sitze seit drei Tagen auf diesem Flughafen fest und ernähre mich von Chips und Kaffee, was ich mir nicht leisten kann. Ich trinke Leitungswasser am Klo, wovon ein Hinweisschild abrät. Bedenken habe ich, Wahl habe ich keine. Der Kittel untersucht meine Blutprobe, macht ein Lungenröntgen. Ich habe angegeben, nicht schwanger zu sein, wahrheitsgemäß, die Frau neben mir hat das Gleiche angegeben, ihr Bauch schaut nicht danach aus, aber dem Kittel ist es egal, dem Röntgenapparat sowieso. Na ja, vielleicht hat die Frau einfach nur eine seltsame Form von Übergewicht. Ich schlurfe zurück zur Schlange mit der uniformierten Frau hinter dem Tisch. Ich stehe. Ich warte. Ich stehe. Ich werde abgestempelt, aber immerhin in der richtigen Farbe.

»Bitte«, sag ich zur Uniform hinter dem Buslenkrad, »ich hier für Arbeit. Ich fleißig, jung, gesund.« Ich brauche eigentlich keine Arbeit, ich habe eine Jobzusage angezahlt. Aber wer weiß, was passiert, sobald ich mich auf meinen 2 m² Matratze ausgestreckt hab, wer weiß, was passiert, hier im Vorort eines Randbezirks von Schanghai. Es kann nicht schaden, mein Volkshochschulkurs-Walisch zu üben, es kann nicht schaden, zu sehen, wie man hier Job wechselt. Ich habe ein Zusage für einen Job als Näherin in einer Textilfabrik – erst haben wir bei uns die Arbeit ins billige Ausland abgeschoben, jetzt schieben wir uns selbst hinterher. Aber ich habe Hoffnung, ich habe studiert, ich habe etliche beeindruckende Praktika nachgeschoben, ich habe geträumt von einer Karriere als Bühnenpoetin. Ich bin gebildet, wortgewandt, zumindest in meiner Sprache. Ich habe was vorzuweisen, zumindest in meiner Heimat. Nur gibt es in meiner Heimat keine Zukunft mehr, ich gehöre in meiner Heimat zu den Verprügelten. Trotzdem, die Hoffnung stirbt zuletzt. Wenn ich meine Karten richtig ausspiele, könnte sich eine Stelle als Rikscha-Fahrerin ausgehen, oder als Putzfrau bei einer Schanghaier Mittelstandsfamilie.

Ich lehne eine Fotocollage meiner Freunde an die Wand. Ein Abschiedsgeschenk. Tixo hab ich mich keins schmuggeln getraut. Geld ausgeben trau ich mich ohnehin nicht mehr, bis ich meinen ersten Lohn auf die seltsame Plastikkarte, die mir die Vorarbeiterin gegen eine horrende Kaution in die Hand gedrückt hat, geladen bekomme. Ich werde in US-Dollar bezahlt. Die chinesische Regierung baut so ihren Handelsbilanzüberschuss ab. Nicht-chinesische StaatsbürgerInnen bekommen für ihre Arbeitsleistung keine wertstabilen Yuan, sie werden in US-Dollar bezahlt. ImmigrantInnen würden ohnehin, so die Argumentation, den Großteil ihres Lohns via *Western Union* in die Heimat schicken und dort wäre der Dollar eh noch was wert. Die ImmigrantInnen sind gar nicht billiger als die eigenen StaatsbürgerInnen, aber das Zahlungsmittel wird leichter erwirtschaftet, die chinesische Regierung will nicht auf ihr Exportvolumen verzichten und was soll sie auch sonst mit den ganzen Dollars machen? Die Tiroler Schützen akzeptieren meine Dollars, obwohl der Wechselkurs nicht besser ist als der, den ich hier bekomme.
Schon allein die Fahrt mit der Schnellbahn ins Zentrum kann ich mir nur selten leisten. Freizeit habe ich für diese urbane Weltreise auch zu wenig. Wenn ich dann dort bin, mustern mich die Menschen misstrauisch, rempeln mich an, spucken vor mir aus, halten ihre Handtaschen extra fest an den Körper gedrückt. Es wird wohl dauern, bis ich mit Schanghai auf Du und Du bin.

Hier im Viertel wird Englisch geredet. Der Uniform hinterm Tisch am Flughafen muss ein Fehler passiert sein, ich bin in der Containersiedlung mit den ganzen Australiern gelandet. Ist mir egal, ich habe immer gern Englisch geredet. Neulich hat mich in der Warteschlange bei *Western Union* aber ein netter Mann aus dem Ruhrpott angesprochen. Wir sind ein Reisbier trinken gegangen und haben uns gegenseitig erzählt, wie das mit dem Reinheitsgebot funktioniert. Dann habe ich zu weinen begonnen. Meine Mutter hat mir erzählt, dass mein kleiner Bruder bedroht würde, ich müsse schneller, öfter und vor allem mehr Geld schicken, sonst würde er windelweich geprügelt. Sie mache sich Sorgen um sein Leben. Ich habe meine Vorarbeiterin gefragt, ob ich mehr arbeiten könne. Sie hat zu lachen begonnen und ist ohne Antwort verschwunden.

Er könne mir helfen, meinte der nette Mann aus dem Ruhrpott, allerdings müsse ich ein paar Bedenken beiseiteschieben lernen.

»Europäische Mädchen sind gefragt hier«, sagt der nette Mann aus dem Pott.

»Warum?«, frag ich.

»Weil sie so groß sind«, meint er. Und ich denke mir: Weil man sie gut kleinmachen kann. Ob ich Walisch verstehe, will er wissen, und ob ich gut im Vergessen sei, beides wären gute Voraussetzungen für eine Karriere. Ich denke an Ellen DeGeneres und an ihr erstaunliches Comeback und verspreche, darüber nachzudenken.

Von einem Telefonat mit der Mutter weichgekocht, rufe ich den Mann aus dem Ruhrpott an. Er fädelt alles ein, die Bezahlung ist nicht besonders, aber immerhin steckt mir der Mann, nachdem er alles Mögliche an allen möglichen Stellen in mich hineingesteckt hat, ein paar Hundert Yuan zwischen meine Brüste. Ich kotze die ganze Nacht auf meine 2-m²-Matratze, die Reinigung kann ich mir nicht leisten, das Geld schicke ich den Schützen. Etwas Ähnliches wie Alltag pendelt sich ein. Alles Mögliche wird an allen möglichen Stellen in mich reingesteckt, im Internet lese ich allerhand Alarmierendes aus der Heimat. Ich telefoniere mit meiner Mutter, ich kable so viel Geld ich kann, es ist nie genug, ich habe den Überblick darüber verloren, was ich wem noch schulde, meine Mutter weint am Telefon, irgendwann ist sie verschwunden, ich rufe alle an, keiner weiß was, mein Bruder ist auch weg.

Eines Nachts, ich bin in der Arbeit, will mich hier aber nicht in Details verlieren, ich habe mich schon längst in den Details verloren, werde ich plötzlich an den Haaren nach hinten gerissen, ein Mann in Uniform tut nur seine Pflicht, und ich habe ein paar Flecken in der Strahlemann'schen Parteifarbe auf meinen Körper. »Bitte«, sag ich. Der Mann in Uniform will meine Arbeitsbewilligung sehen, er zerreißt sie lachend, ich verliere mich in den Details, als ich wieder zu mir komme, sitze ich gefesselt und angeschnallt in einem Flugzeug, eine Hand mit Gaffatape nähert sich meinem Mund. Ich atme ein. Ich atme so tief ein, wie ich kann. Ich hoffe, dass mein Atem für den Rückflug reicht.

Punktewertung Damen					
Ranking	1	2	3	4	5
	6	7	8	9	10
Beäugen, rauswinken und nerven: 0					

Durch/Schnitt/Kunst

Wenn ich heimkomm, will ich meine Ruhe. Ein Film, ja, gern ein Krimi oder eine Talk-Show, die sind immer witzig. Aber mit Politikerfressen braucht mir keiner kommen. Ich ärger mich schon untertags genug. Unterhaltung will ich vom ORF, zahl ja auch genug dafür. Sketches, kurze. Wenn sie zu lang sind, dann ist es schon wieder Theater. Oder so Schlager-Sendungen hab ich auch ganz gern, da kann man gut entspannen und wegpennen. Da versäumt man nicht viel, kommt man immer mit. Der Moderator muss halt gut sein. Einer von uns, den man versteht, der nicht so abgehoben daherkommt.
SCHNITT. (alle)

Jaja, das alte Lied: gemütlich, gesellig, brauchtumsverbunden, alles gut und recht, und besser als kritisch oder womöglich gar (uiuiui, Pfui-Wort) *intellektuell*. Volksnähe, Volkszugewandtheit und Volkstümlichkeit sind gefragt, hierzulande. Zyniker würden sagen: Der gute alte Proletenpopulismus halt. Man kennt das ja aus der Politik. Einerseits kleingeistig, andererseits schnapsaffin. Authentisch österreichisch, jawoll, zum Wohl, Prost-Prost. Lieber die eigene Unbedarftheit an die große Glocke hängen und mit der persönlichen Befindlichkeit bimmeln, als der gegenwärtigen Alarmstufe rot-weiß-rot ins blaue Auge blicken. Lieber nur von sich selbst reden, und da eh auch schon offengestanden planlos sein, als über den eigenen, begrenzten Stirnfransenhorizont hinausdenken. Kleinmut kommt gut, großkotzen und rummotzen kaum.
SCHNITT.

Was brauch ich Großkopferte, die mir die Welt erklären wollen? Deren Welt hat mit meiner nichts zu tun. Wenn Leute aus dem Volk zu Wort kommen, das mag ich. Alltagsgeschichten. Da fühlt man sich

gleich besser. Da kriegt man nicht gleich Minderwertigkeitskomplexe. Die Welt versteht doch heutzutage kein Mensch mehr. Das ist doch alles viel zu kompliziert. Also ich blick da jedenfalls nicht mehr durch bei der Krise, Israel, dem Euro und so.
SCHNITT.

Ehrlich pathetische Planlosigkeit ist grad en vogue. Implizit das einzige allgemein bekannte Sokrates-Zitat vorschieben und Belangloses zum Inhalt machen, ist der aktuell heißeste Scheiß im wahrsten Sinne des Wortes. Sich klein machen, aber gleichzeitig eine große Klappe haben, ist die Devise. Ganz im Stile des bewährten Sprichworts: Bellende Hunde beißen nicht. Nachsatz: Scheißende Hunde auch nicht. Scheiße und Unbissigkeit rules. Ja, ja, alles zahm, zärtlich und beschissen. Gerne lässiger, cooler und frecher, aber ja nicht klüger sein wollen als der kleinste gemeinsame Gesellschaftsnenner.
SCHNITT und Ortswechsel: Eben noch vor dem Fernseher im Wohnzimmer, jetzt auf der Slam-Bühne.

Gerne kurz wortschöpferisch werden und vom Gesellschaftsnenner auf den Gesellschaftspenner kommen. Das wären dann einerseits die selig Schlafenden in unserer Gesellschaft (die selig Schlafenden wohlgemerkt, nicht die gefährlichen Schläfer) und andererseits wär Gesellschaftspenner ein originell-wütend-verdichtetes, die Gesellschaft pauschal beschimpfendes Augenblickskompositum. Dann aber sofort wieder witzig oder zumindest erträglich poetisch werden. Aber nur ja nicht zu hermetisch, reduziert und abgehoben. Den lyrischen Ball schön brav flach halten, nicht köpfeln, keine Steilvorlagen oder Spielzüge über mehrere Stationen anstreben und SCHNITT und ab zum Sport.

Lieber im Kreis laufen, sich als Ersatzbankwärmer oder lahmer Torladenhüter offenbaren, als auf ein Ziel zustürmen. Lieber den Tor geben, als ein Tor schießen. Nur ja nicht verstoßen gegen die unausgesprochenen Regeln der öffentlich-rechtlichen Unterhaltungsgarantie. Nur ja nicht arrogant und kämpferisch auftreten, lieber lethargisch verschüchtert und mit Mut zur Lücke in der Biografie, im Text und in

der Lebenslogik. Das macht was her, das macht andere größer, das macht einen sympathisch. Eine Sportvergangenheit ist natürlich später immer von Vorteil. Damit macht man mindestens ORF-Millionenshow-Moderatoren-Karriere. Lieber die Einfalt bauchpinseln, als die Vielfalt unterstreichen. Schön brav an der Oberfläche und bei Persönlichem bleiben und bloß nicht analytisch werden.
SCHNITT und zurück zur Stimme des Volkes.

Was kann man denn schon auch machen, so als Einzelner? Eben. Nichts. Nicht viel. Also eigentlich kaum etwas. Da kann ich es doch auch gleich bleiben lassen, oder? Es nützt ja eh alles nichts. Und die da oben sind alle die gleichen Gauner, egal, welche Farbe. Ja, scheiße find ich das auch alles, die Kriege, die Banken, die kranken Sozialsysteme und so, und das wird man wohl noch sagen dürfen, oder? Ich mein, ich mein ja nur.
SCHNITT.

Argumentierte Resignation, das kommt an, damit können sich alle identifizieren. Ich mein, ich mein ja nur. Jaja, meinen wäre schon was. Meinen ist immerhin ein Anfang, ein möglicher Beginn.
Und wenn, wie ein Kluger wusste (George Bernard Shaw), am Beginn jeder großen Wahrheit immer eine Gotteslästerung steht. Dann darf analog dazu am Ende dieses Textes folgende Aussage stehen: Ich mein, wir sind nicht die, die verstehen. Wir sind die, die verstauen, verdrängen und abschieben.
SCHNITT und aus.

Punktewertung Herren					
Ranking	1	2	3	4	5
	6	7	8	9	10
Großkopfert, planlos und analytisch: 0					

Abgeschlaffter Modus

Es muss am Licht liegen. An der Stadt und am Licht. Weit und breit kein Mehrblick. Ich mein den Blick mit H, den, der mit dem Meer mit E nur die Weite gemein hat. Den Blick mit H, den ich jetzt bräuchte, weil ich mehr brauch. Mehr Geld, mehr Liebe, mehr freundliches Gegrüßt-Werden auf der Straße. Vielleicht doch aufs Land ziehen. Aber nein, da muss man ja selber auch grüßen. Wie gesagt, es muss am Licht liegen. Nur Krise und Grant und Mangelerscheinungen, und Wien im Dezember, und kein Wunder, dass Falco sich umgebracht hat. Nach einer Jugend in Wien reißt dich die Dominikanische Republik auch nicht mehr raus, oder das bisschen Bühnenlicht und Billboard-Charts, und mehr Geld, als man sich durch die Nase ziehen oder autovertotalschadenfahren kann, das kann nichts mehr gut machen, wenn du deine Jugend im nebelsuppenbedingten Wiener Alltagswahnsinn verbracht hast. Und in Zypern stehen die Menschen Schlange vor dem Bankomaten, weil sie Angst haben vor DEM CRASH. Und DAS MARMELADEGLAS im Küchenschrank und DIE SOCKE unter der Matratze sind plötzlich sichere Anlageformen. Wenn man den ganzen Tag davorsitzt. Mit einer Pumpgun.
Die sollen sich nicht anscheißen. Da könnte ja jeder kommen und sich anscheißen. Ich krieg auch schon lang kein Triple A mehr von irgendwem. Aber lass ich mich davon fertigmachen? Es geht weiter. Wir wursteln uns so durch. Selbst bau ich jetzt in der Freizeit Tomaten am Balkon an. So als Hobby. Und weil man ja doch ein bisschen etwas sparen kann. Und nein, sie wachsen nicht, danke der Nachfrage. Ja, warum heißt denn so was Nachtschattengewächs, wenn der Scheiß dann Licht braucht und Wärme? Kann man ja nicht wissen, dass dieses rote Schlampengewächs auf Gedeih und Verderb der Sonne ausgeliefert ist. Ich mein, so wie die Früchtchen monatelang auf der Küchenkredenz rumliegen können, ohne ein einziges Fältchen zu

bekommen, da müssten die doch eigentlich auch auf dem Uranus gedeihen. Wahrscheinlich wird Botox aus Tomaten gewonnen. Wahrscheinlich werden Banktresore mit Tomatenmark verstärkt, wegen der Unzerstörbarkeit. Und was soll der Scheiß überhaupt. Auf meinem Fensterbrett haben die Tomatensetzlinge doch alles, was sie brauchen: Sauerstoff und Feinstaub und Abendunterhaltung.
Wahrscheinlich hab ich zu wenig mit ihnen geredet. Wie mit der alten Oma einen Stock über mir. Die ist jetzt tot. Die Erbenkel waren zu früh da. Die waren da, bevor ich einen Blick ins Küchenkasterl werfen konnte, bevor ich das Prinzessin-auf-der-Erbse-Spiel mit der Oma-Matratze machen konnte. Egal. Roch dort eh immer so muffig. Das wird sich jetzt ändern, jetzt, wo die Erbenkel einen frischen Wind in die Wohnung und Licht in die Vermögensverhältnisse bringen werden. Kann mir egal sein. Aber einen Fleck hab ich jetzt an der Decke. Weil die Erbenkel zwar schneller waren als ich, aber nicht schnell genug. Weiß jetzt nicht so genau, was für ein Fleck das sein kann. Ein Tomatenfleck oder ein Omafleck. Der Oma wurde ja so ein grauer Ganzkörperplastiksack angezogen, bevor sie runtertransportiert wurde. Konnte man nicht so gut begutachten, in welchem Zustand sie war. Wobei Bestimmungsversuche des Todeszeitpunkts von Laien erst ab dem Wurmstadium halbwegs vernünftige Ergebnisse bringen. Da kann man dann auf die Frage, wie lang die Leiche denn schon eine sei,»na ja, scho ziemlich lang« antworten.
Vier Stockwerke ohne Lift wurde die alte Lady runtergetragen. Kein Wunder, dass die nicht mehr viel zu sehen war in letzter Zeit. Essen ließ sie sich bringen und die Unterhaltung, die auf der Straße zu finden ist, na ja, da kann man ja auch gleich das TV-Gerät einschalten. Manchmal kam Besuch. Meistens kam keiner. Vielleicht hätt ich doch mal läuten sollen. So um vier in der Früh, wenn es endlich mal halbwegs still wird im Haus, außer bei der Omi über mir, die immer noch fernschaut. Schwerhörig, aber ohne Kopfhörer. Tag und Nacht liegen wir wach, im Kopf nur Ach und Krach. Hätten wir ja eins, zwo *Jägermeister* kippen können und dann gemeinsam in die Nacht leben. Dafür ist es jetzt zu spät. Wie bei den Tomaten. Eigentlich hab ich sie schon länger nicht mehr fernschauen hören. Das könnte ein Indiz sein für den Todeszeitpunkt. Der Assinger hat geredet – länger, war also

eher keine Werbung. *Millionenshow.* Jetzt wenn ich ein Smart-Phone dabei hätt. Könnt ich sofort nachschauen, wann das war. Und den Erbenkeln erhobenen Hauptes entgegentreten und sagen: Ehrlich, jetzt kommt's, ihr Saubartln! Also, als ich neulich bei der werten Oma beim Kaffee gesessen bin, der Assinger war grad im Fernsehen, da hat sie ein bisschen traurig geschaut, wie sie von euch g'redet hat. Schon so lang war er nicht mehr da, der Burli. Wer von euch ist denn der Burli? Und hat der Burli eh das Geld aus dem Einweckglas brav mit den anderen geteilt? Oder hat er das eher so gemacht wie früher mit der Schokolade?

Es muss an der Luft liegen. Oder *in* der Luft. Nachsatznachlass. Krisenfeinstaub. Erbekel. Transtomatenallergie. Eine Gesellschaft stellt auf Standby. Wir verlangen das Unmögliche nicht mehr. Wir verlangen eine Auszahlung der Einlagen. Aber was will man denn mit den ganzen eingelegten Hoffnungen machen. Ausquetschen? Das funktioniert schon bei Tomaten nur mit ordentlich Verlust. Das geht mit Sicherheit ans Eingemachte. Und was das Einmachen gesamtwirtschaftlich ausmacht, davon kann zur Zeit sogar der Burli ein Liedchen singen.

Die Ex-Oma von oben hat schon recht gehabt. Ob Spar-, Netz- oder Stützstrumpf, ist am Ende der Nacht nur eine Frage des Lichtschalterfindens.

Wie gesagt. Es muss am Licht liegen. Und das hat die Oma von oben jetzt für immer unter einen Scheffel gestellt. Die hat sich die Kerze ausblasen lassen und schaut sich jetzt die Tomaten-, ja was eigentlich? Wurzeln? Knollen? Jedenfalls schaut sie sich die Tomaten vor meinem Fensterbrett jetzt von unten an. Die Oma ist auf Standby. Das ist zwar auch keine Lösung. Aber eine langfristige Keine-Lösung.

```
Punktewertung Damen

Ranking        1    2    3    4    5

               6    7    8    9    10

Abgeschlafft und durchgenudelt: 0
```

Dieser Text ist käuflich

Dieser Text ist was wert.
Dieser Text will geschmiert werden, erst dann flutscht er richtig.
Dieser Text ist wie Österreich.
Nein, dieser Text meutert.
Dieser Text macht, was *ihr* wollt.
Dieser Text ist zwar nicht Shakespeare, macht aber trotzdem, was ihr wollt, weil ihr ja quasi bezahlt, mit Applaus/Bewertung/Buchkauf, oder sonst was. Die Kunst besteht allerdings darin, den Text so zu gestalten, dass ihr das nicht merkt.
Dieser Text ist verschlagen.
Dieser Text ist ein Schlager.
Dieser Text ist gleichzeitig sowohl offen ehrlich, als auch elendig versaut.
Dieser Text singt: *Daria, du Dauerbrenner unter meiner Vorhaut / Daria, was hat dich bloß, was hat dich bloß so ver-versaut.*
Dieser Text mag die Sterne, ist aber eine einzige Schweinerei.
Dieser Text ist: *Ja, natürlich!*, sagt der Haus- und Hofverstand.
Dieser Text ist aber auch anders.
Dieser Text überrascht durch Aussagen wie: *Käsleberkäs* ist als Wort singulär. Vorne *Käs* und hinten *Käs*, und dazwischen ausgerechnet die *Leber*. Was uns das wohl sagen soll? Eine philologische und etymologische Wesens- und Feinbestimmung des Lemmas *Käsleberkäs* wäre sicher aufschlussreich.
Dieser Text ist nicht reich, nicht stier, aber gut bebuttert.
Dieser Text ist ein Schmalztopf, der schon wieder singt: *Daria, du Restspürspur in meinem Kleinhirn / Daria, jetzt muss ich halt wieder zu meiner Stammdirn / Daria, du Rettungsgassenhauer meiner Sehnsuchts-Jukebox / Daria, ach wie gern tanzte ich wieder mit dir Trott-Fox.*
Dieser Text ist weder Franz Fuchs, Armin Wolf noch Unschuldslamm.
Dieser Text ist ein Schaf, das blökt, und für das selbstverständlich Anfütterungsverbot gilt.

Nein, dieser Text ist anders, ist Reaktist, ist Querdenker, macht das Gegenteil von dem, was erwartet wird.
Dieser Text zwinkert auch nicht verschwörerisch.
Dieser Text zickt, zockt, zecht (und ist bisweilen ein Zungenbrecher).
Dieser Text ist aber kein Zinsderivat, kein Termingeschäft und auch kein Credit Default Swap.
Dieser Text ist ein ehrliches, dreiseitiges Wertpapier, das sich in den Dienst der Allgemeinheit stellt.
Dieser Text verschreibt sich aber auch dem Zweifel. Die Haltbarkeit des Zweifels ist unbegrenzt. Zweifeln geht immer. »Der Zweifel ist das Wartezimmer der Erkenntnis«, heißt es. Und ohne Zweifel an scheinbaren Gewissheiten keine Entwicklung.
Dieser Text hat sich mittlerweile beruhigt und entwickelt sich positiv.
Dieser Text ist von nun an gut.
Dieser Text wiederholt sich nicht.
Dieser Text ist nichts für die Massen, Massen werden nur durch Emotionen oder Fußballspiele bewegt, Logik ist für die Massen zu kompliziert.
Dieser Text ist logisch aufgebaut und ergeht folgerichtig an ein mündiges Nischenpublikum.
Dieser Text wiederholt sich nicht.
Dieser Text ist definitiv kein Trennungstext.
Dieser Text singt nicht: *Daria, du Einkaufspassagenkind mit Ziehmutter Media-, Drogerie- und Penny-Markt / Daria, ach wie sehr wünsch ich dir einen Magen-Darm-Infarkt.*
Dieser Text ist nur am Rande ein Text über Verflossenes: Geld, Liebe, Aufrichtigkeit.
Dieser Text ist kein hohles Kreativitäterätätäääh-Getröte.
Dieser Text ist eine Stiftung der Kreativität.
Dieser Text lädt alle ein, das Stiftungskapital zu erhöhen.
Dieser Text plündert dafür jedoch nicht die Konten 90-Jähriger.
Dieser Text ist nicht graffgierig.
Dieser Text zwingt niemanden zu irgendetwas, nicht einmal Daria.
Dieser Text ist mein freiwilliger Beitrag zum Ping-Pong-Poetry-Abend.
Dieser Text bittet allerdings auch um eine kleine Wortspende eurerseits, mit einem Wort seid ihr dabei und Teil des Textes.

Gebt mir ein: *Po-po-po-Poetry SLAM* (alle)
Dieser Text ist angewandtes Crowdfunding.
Dieser Text eröffnet der Improvisation Tür und Tor.
Dieser Text improvisiert jetzt.
Dieser Text weiß, dass das in die Hosen gehen kann.
Dieser Text mag das, also nicht das In-die-Hose-Gehen, aber Herausforderung.
Dieser Text _____. (Improvisieren!)
Dieser Text geht gerne Umwege und auf Aktuelles ein.
Dieser Text kommt aber auch gern wieder auf Bewährtes zurück.
Dieser Text rät: Sleep, buy a book, have a rest in peace.
Dieser Text ist friedlich und versöhnlich.
Dieser Text ist Rettungsschirm für Sprachversehrte, Sanierungspaket für Wortkarge und Schreibblockadenbrecher.
Dieser Text wird Griechenland, Irland und Spanien nicht retten.
Dieser Text wird auch Österreichs Fußballmannschaft nicht retten.
Dieser Text schießt weder Tore noch sonst was.
Dieser Text verhindert auch weder Tore noch sonst was.
Dieser Text will nur spielen.
Dieser Text ist trotzdem was wert.
Dieser Text ist ein Ausgleich auf der Metaebene, ein Unentschieden ohne Ende.
Nein, dieser Text endet nur anders.
Diesen Text macht *ihr* fertig: *Po-po-po-Poetry SLAM!*

Punktewertung Herren					
Ranking	1	2	3	4	5
	6	7	8	9	10
Angefüttert, korrumpiert oder adelig: 0					

Mieze Medusa sucht das Paradies und findet den Sumpf*

Wir haben kein Recht auf Glück,
nur ein Recht auf das Streben danach,
ziehen manchmal große Lose,
ziehen häufig den Kürzeren,
geben Strohmännern das Mandat zum Stehen am Steuerrad.

Es geht voran.
Es geht vorrangig um SubPrime-Mist.
Es geht vorderhand uns alle an.
Es geht – Vorhang auf! – ums Scheinwerferlicht.

Und in dem stehen immer die Falschen,
stammeln große Chanceler große Lügen in groß gezogene Ohren,
werfen große Schatten, wenden große Worte auf zu kleinen Herzöfen.
»Heimat«, sagt du. »Feind«, sagt du. »Freundschaft«, sagt du.
»Leistungsträger«, sagt du. »Geheimdienst«, sagt du. »Gut für Österreich«, sagt du. Oder gut genug.
Und im unbunten Hintergrund ungut zu sehen sind die Ungustln, die in deinem Mandat unseren Reichtum mitnehmen.
Falsche Zeit, *mitnehmen* ist schon Vergangenheit, ist schon Präteritum, also Reichtum *mitnahmen*.
Nachfragen ist nötig, aber auch schon zu spät.

---

* Antworttext auf Jura Soyfers »Der Lechner Edi schaut ins Paradies«. Kann man, wenn man will, auf *Projekt Gutenberg* ganz einfach nachlesen.

Bei Korruption ist es, wie bei jedem anderen Mist, das Gute ins
Töpfchen, das Schlechte in Häfn – Mülltrennung ist wichtig, doch für
gesunde Umwelt und gepflegte Gesellschaft ist Vermeidung Pflicht
und was zählt.

Wenn wir der Lechner Edi wärn, mit seiner Maschin',
die, beide am Tiefpunkt, auf der Suche nach Schuld am Schlamassel
und der Elektrizität, die Zeit zurückdrehn, was würden wir sehen:

*grrrkrks**
Der wegen Untreue und Betrug verurteilte, doch wegen eines
Herzleidens vollzugsuntaugliche Ex-Gewerkschaftsbankchef Elsner
füßewipptanzt in der Edenbar, aber egal.

grrrkrks
Da, Ernst-007-Strasser trifft sich mit Journalisten und will sie bespitzeln dort, der Scheuch Uwe will an Reisepass für Spezialisten, also für die wichtigen russischen Menschen mit Geld, aber egal.

grrrkrks
Da: Skylink-Spatenstich, Probleme bei Baubeginn bekannt – dort: Die
Gewerkschaft macht ihre Bank flöttl, aber egal.

grrrkrks
Der liebste Schwiegersohn des Landes mit der zu schönen, zu jungen
und zu intelligenten Föhnwelle verkauft staatliche Immobilien und
bekommt eine Homepage bezahlt, aber egal.

grrrkrks
Das teuerste Krankenhaus Europas wird nach 20 Jahren Bauzeit endlich in Betrieb genommen, aber egal.

---

* Sound der Maschin' vom Lechner Edi, die grad die Zeit zurückdreht.

Und ich könnt weitergehen und tiefer googeln, wie der Lechner Edi
mit seiner Maschine,
könnt länger graben, lauter schimpfen, wie der Lechner Edi mit seiner
Maschine,
könnt Wurzeln suchen, auf die sich Lodenjankerspezialisten gern
berufen, wie der Lechner Edi mit seiner Maschine,
könnt auf der Suche nach Antworten bis ins Paradies zurückgehen,
und wie der Edi auf dem Rückweg ein paar Argumente mitbringen,
doch dann kontert wer mit altbekannten unschuldsvermutenden
Plattitüden und lässt Jahre ungenutzt ins Land ziehn.

Und im Fernsehen läuft Kochshow.
Und die eine Partei sucht im Netz den Superpraktikanten.
Und am Stammtisch langt lang nicht die Konzentration auf das Kleine
im Bild.
Wir stehen auf große Chanceler und die großen Lügen in unseren so
groß gezogenen Ohren,
lieben großes Licht und große Schatten, glauben große Worte auf
unseren zu kleinen Herzöfen.
»Leistung«, sagst du. »Fremd«, sagst du. »Fein raus«, sagst du.
»Und es geht uns doch so so gut«, sagst du. Oder gut genug.

Und im unbunten Hintergrund ungut zu sehen sind die Ungustln, die
in deinem Mandat unseren Reichtum mitnehmen. Und unsere
Solidarität.
Falsche Zeit, *mitnehmen* ist schon Vergangenheit, ist schon Präteritum,
also: Reichtum *mitnahmen*. Und die Solidarität funktioniert auch nur
noch eingeschränkt.

Wir fallen grad,
fallen grad aus allen Wolken,
fällen grad bei jeder Wahl ein kleines Fehlurteil und nennen das
Protest.
Fallen grad börsennotiert in die Tiefe,
fallen grad aus allen Anstellungsverhältnissen in eine bachelorbasierte
ICH-AG-Hölle.

Fallen grad wie Späne und schauen ungern hin, wer hobelt.
Fallen grad wieder mal auf die altbewährte Masche rein.

»Leistung«, sagst du. »Fremd«, sagst du. »Fein raus«, sagst du.
»Und es geht uns doch so so gut«, sagst du.

Doch solang du mit deinem großen Licht aus zu großen, zu leeren
Worten einen so großen Schatten wirfst, geht es uns *nicht gut genug*.

Wir haben kein Recht auf Glück,
nur das Recht auf das Streben danach.
Und wie hat der Lechner Edi mit seiner Maschine schon gesagt?
Auf uns kommt's an.

Punktewertung Damen					
Ranking	1	2	3	4	5
	6	7	8	9	10
Stumpf, Sumpf oder Triumph: 0					

Grummel. Gram. Grammatik.

Ein Kindheitstraumabewältigungstext

Werte Angesammeltheit!
Ja, ich gestehe.
Ja, auch ich bin einer derer, die durch Sie Pein erfuhren.
Ja, ganze Fuhren an Pein musste ich eingangsbestätigen, und so hatte ich bereits in der 4. Klasse die Nase voll von ihr, die Nase voll von Großtante Grammatik.
Grummel. Gram. Grammatik.
Grummel. Gram. Grammatik. (alle)

Großtante Grammatik war heftig, DIN-A5-kleinformatig, abgegriffen und verhasst.
Das Einbinden in einen rotstichigen, durchsichtigen Umschlag ließ sie violett erscheinen.
Großtante Grammatik schaute aus wie ein riesiger Bluterguss, der selbst dann noch schmerzte, als ich ihn ganzflächig mit Duplo-Aufklebern zupflasterte.
Das Aufschlagen von Großtante Grammatik offenbarte keine Spur von Schokoladenseiten, nur fallweise flektierten Lebertran, prä-und-suffix-verbaute Vergiftungen und (g)alle Jahre wieder neuen Stoff, aus dem die Albträume sind.
Großtante Grammatik regelwerkte, wirkte und wunderte, bestrafte, benotete und bekundete. Kurz: Großtante Grammatik machte mich fertig.
Grummel. Gram. Grammatik.
Grummel. Gram. Grammatik.

Ich wollte erzählen, erfinden, ergründen.
Nicht flektieren, konjugieren und Fälle erfragen.

Ich wollte Welten bauen, keine Partizipialkonstruktionen.
Ich wollte mich nicht von plusquamperfiden Präfekten oder suboptimalen Präsumptionen kleinkriegen lassen.
Nein, ich war grammatikapathisch und orthografietoleranter Sprachpazifist.
Grummel. Gram. Grammatik.
Grummel. Gram. Grammatik.

Ich wollte an die Wirklichkeit ran, nicht ans Adverb.
Ich wollte über Jugendbanden Bescheid wissen, nicht über Nennformgruppen mit »zu«. Großtante Grammatik hatte viel zu wenig Bezug zu meiner Fantasie, die bereits abgefahren war, abgedreht, verwinkelwackelt und kugelbunt.
Grummel. Gram. Grammatik.
Grummel. Gram. Grammatik.

Ja, ich brauchte lange, um den Schmerz zu überwinden.
Jaja, der Schmerz hat schon auch so seine produktive Kraft, würde Rossegger sagen. Aber das war ja schon immer ein Blödsinn. Jetzt bin ich so weit. Ich kann mich rächen, rächen mit haltlosen Sprachwucherungen. Großtante Grammatik, nimm dies:
Na Schnitzelbums und Scheidenfroh! Wo brennt denn die Rumsdüse? Am Schaft, am Sack, im Saft? Schlackern die Gonchis im Skrotum? Steht samenloses Wuseln auf der Tagesverkehrsordnung? Oh nein, Kommt-gut-Verkehr ist nicht das Gegenteil von Ge(h)schlechtsverkehr und Peinlichkeit kein kategorischer Imperatiefpunkt. Denn schlimmer geht's immer, und hergeludert und hingeballert ist allemal gleich gut wie ergebener Grammatikgottesdienst, Kniefallpoetologie und Syntaxapotheose. So schaut's aus! Mit den Augen isst man nämlich nicht, dicht dran ist nur der Duktus, der ungehemmt aus dem Hinterstübchen in die Schreibhand fließt. Und seien wir uns doch ehrlich: Zierratlosigkeit hat noch niemanden gebadet. Ein eigener Schreibfluss aber ist aller Zaster Anfang.
Grummel. Gram. Grammatik.
Grummel. Gram. Grammatik.

Ich sag: Lasset uns Lexemmusik und Sätze zu Mikrokompositionen machen.
Lasset uns die Syntax versemmeln, Wagemut und Wörter schöpfen.
Stellen wir uns auf den Kopf und sehen nach, ob neue Sprache rausfließt.
Lassen wir den regen Sprachfluss zu und raus, fassen wir Neues ab, sammeln wir Skurriles und setzen es um in Sprachreih- und Gliedsätzen, in Haupt- und Hirnsätzen, in Neben- und Lebensgrundsätzen wie zum Beispiel: High heels sind aller Desperate Housewives' Seelenbalsam.
Grummel. Gram. Grammatik.
Grummel. Gram. Grammatik.

Und noch was: Haben wir immer einen patenten Nachsatz parat.
Resümee: Großtante Grammatik ist ein Sprachsteckschlüsselsatz.
Allein die Sprache ist kein Schloss. Die Sprache ist immer mehr, als man glaubt. Vorausgesetzt man denkt mehr, als man glaubt.

Punktewertung Herren					
Ranking	1	2	3	4	5
	6	7	8	9	10
Kleinkariert, pikiert oder angeschmiert: 0					

B-rated Adabei

Ich atme ein Gemisch aus Kohlenmonoxid, Erstickstoff, Neidhagel, Missdunst und einer dicken Wolkendecke aus Hochnebeligkeit. Ich lebe in Österreich. Hier wird Talent gern im Keim erstickt und dann von außen importiert. Siehe Sido. Siehe die russische Primaballerina, von der ich mir den Namen nicht gemerkt hab, die aber neulich im Fernsehen war. Wir sind eine Nation der b-rated Adabeis.
Bei Vera ist bei uns ein journalistisches Format, und »Kenn i ned, wer is'n des?« die häufige Reaktion auf die Teilnehmer jeder neuen Staffel *Dancing Stars*. Mich kennt auch niemand, aber alle sind sich einig darin, dass ich nichts kann, und das, was ich hab, »afoch so hinten einig'schobn« bekommen hab. Vom Verdacht des mich Nach-oben-Schlafens bin ich nur freigesprochen, weil sich die Volksmeinung nicht vorstellen kann, wie das mit dem Sex bei einer Kleidungsgröße über 42 funktioniert, und sich lieber auf die Zunge beißt, als zuzugeben, dass mich jemand begehrenswert finden könnte. Ich habe kurze Haare und trage gelegentlich lila, also muss ich Kampflesbe sein und, da ist man sich sicher: Ich fordere nur deshalb mehr Frauen in Führungspositionen, damit ich endlich mit dem Hochschlafen beginnen kann! Ich habe keine Lust, zu dementieren. Demenz ist nicht ansteckend. Kleinformat eine Lebensentscheidung. Schwul ist kein Schimpfwort. Man ist mir böse, weil ich versuche, Kreativität mit Verlässlichkeit und einer positiven Einstellung zu allem, was irgendwie nach Arbeit riecht, zu paaren. Man nimmt mir übel, dass ich ungern darüber jammere, wie schwer es doch ist in diesem Land, in dem es tatsächlich ein bisschen schwerfällig zugeht. Man ist mir gram, weil ich mich nicht unterkriegen lasse oder es mir zumindest nicht anmerken lasse, wenn mich etwas unterkriegt.

Ich atme ein Gemisch aus Sauerstopfstoff, Niedergeschlagenheit, Bluthochdruck und Meinungsarmut. Wenn ich tief Luft hole, schleudert mir meine Heimat einen Frosch in Richtung Hals, der nicht als potenzieller Prinz gemeint ist und auch nicht als Zutat zu einer französischen Delikatesse. Wenn ich A sage, schmeißt man mit Tomaten, um dann, während ich versuche, das Beste draus zu machen und einen Topf mit Spaghetti aufsetze, zu verlautbaren: Die nimmt den Mund zu voll. Man ist persönlich beleidigt, wenn ich dann auch noch B sage, wie in: Bitte zu Tisch. Es gibt Pasta A-shut-up!

»I am so proud of all the talented people that I have the great honour of knowing« ist kein typisch österreichisches Status-Update.
»Das mit dem Poetry Slam, das ist doch schon längst wieder vorbei«, die inoffizielle Meinung des ORF, der damit wieder mal beweist, dass es ihm ernst damit ist, aber wirklich jeden Trend zu verschlafen. Im Sommer überträgt er Autorennen, im Winter lobt der ORF-Sportkommentator bei den Ösis die Slalomtechnik, bei den anderen das Skiwachs. Wir schimpfen gern auf die Deutschen und nennen sie humorlos. Dabei übersehen wir, dass der österreichische Humor daraus besteht, Witze auf Kosten der anderen zu machen und dann beleidigt zu sein, dass die anderen nicht mitlachen.

Ich sterbe vor Lachen. Zuerst stirbt mein Lächeln, dann sterben meine Ohren, dann stirbt meine Neugierde, danach stirbt mein Sprachzentrum und begräbt sein Herz an der Biegung des Ideenflusses. Dann stirbt mein Glauben, dass sich daran jemals etwas ändern wird, dass Österreich lernen wird, sich mit und für andere zu freuen, dass es Österreich gelingen wird, zu begreifen, dass Vielfalt kulturellen Mehrwert generiert, dass, wenn sich jemand seinen Platz erkämpft, auch der eigene Freiraum größer wird, dass es sich lohnt, den Mitmenschen etwas zu gönnen. Etwas später stirbt meine Freude. Als dann sogar meine Wut stirbt, beginne ich mir ernsthaft Sorgen zu machen. Dann stirbt mein Selbstmitleid. Danach stirbt meine Fähigkeit, etwas persönlich zu nehmen.

»Mieze Medusa macht Katzenmusik«, flüstert mir ein Konzertbesucher zu und erwartet sich ein Lob für sein Wortspiel. Ich nehm das nicht persönlich.

»Mieze Medusa ist eine talentfreie Zone«, postet *the real slim shady* unter einer Lesungsankündigung. Ich nehm das nicht persönlich.
»Mieze Medusa ist völlig überschätzt«, gibt *thelastmanstanding* im *diestandard*-Forum zum Besten. Das nehm ich aber schon überhaupt nicht persönlich.
»Mieze Maus, komm aus dem Rap-Business raus«, postet ein Reimtalent unter mein Bandprofil. Das nehm ich nicht nur nicht persönlich, das überzeugt mich außerdem davon, dass ich mir in Sachen Konkurrenz keine grauen Haare wachsen lassen muss.

Aus Angst vor der Konkurrenz bekomm ich aber sowieso keine grauen Haare. Ich liebe Konkurrenz – was denkt denn die Welt, warum ich bei Poetry Slams mitmache? Ich freu mich, wenn mir der Mund wegen dem Doppelreim eines anderen offen bleibt.
Auf der Bühne eine Gänsehaut zu bekommen, ist großartig, aber beim Zuhören eine Gänsehaut zu bekommen, ist um nichts weniger großartig. Was gibt es denn Schöneres, als wenn man bei einem Poetry Slam alles geben muss, um dann nicht zu gewinnen? Okay, es gibt da noch den Fall, dass man alles geben muss und dann gewinnt man. Ja, schon klar. Ist toll. Nicht zu gewinnen, ist aber nicht weniger schön, es ist nur anders schön. Nicht ins Finale zu kommen, ist nicht weniger schön, es ist nur anders schön und ein bisschen ärgerlich, weil man ja so gern noch einen zweiten Text …
Unschön wird es erst, wenn man gar nicht alles geben muss, oder kann oder darf. Unschön wird es erst, wenn Mittelmaß die Erwartungshaltung ist, wenn ein ganzes Land, und ja, ich rede hier immer noch von Österreich, Angst davor hat, dass man zu klug ist, zu intellektuell, zu rhetorisch begabt. In welchem anderen Land gilt es denn noch als so schick, zu den eigenen Wissens- und Erinnerungslücken zu stehen?

»Was da meine Leistung war, na, da bin ich jetzt aber ganz nackert?«, so tönt der österreichische Holzweg.
»Du, ehrlich: Slam ist Scheiße. Ich hab da einmal mitgemacht und nicht gewonnen, die haben gar nicht bemerkt, wie tiefsinnig meine Texte sind«, so tönt der österreichische Holzweg.

»Also, diese Mieze Medusa, gelesen hab ich von der nichts, aber neulich hat sie mich nicht gegrüßt, was die sich einbildet, die arrogante Sau«, so tönt der österreichische Holzweg.

»I am so proud of all the talented people that I have the great honour of knowing« ist kein typisch österreichisches Status-Update. Aber ich bin's.
Ich bin stolz auf die vielen unendlich talentierten Menschen, die ich kennenlernen darf, beim stundenlang im Zug Schwitzen, beim viel zu kurz auf der Bühne Stehen, beim immer zu viel Arbeiten und immer zu viel Trinken, beim Rumtingeln, beim Bücherlesen, beim Musik Machen und Hören und Kaufen.
Und es ist mir eine Ehre, mit euch unendlich talentierten Menschen diese Bühne zu teilen.

Punktewertung Damen					
Ranking	1	2	3	4	5
	6	7	8	9	10
Tönen, Föhnen oder angewöhnen: 0					

Mannsbilderrausch und Frauenauflauf

Man reiche mir einen gut gefüllten Bembel, mir ist danach, mich mit Apfelstöffchen zu berauschen. Es mögen gerne längst vergessene Apfelsorten sein: Der Bohnapfel und die Gewürzluike seien mir ebenso genehm wie der Weiße Winterkalvill, von der Roten Stern- und Ananas-Renette ganz zu schweigen. Es gibt was zu begießen! Gestern konnte ich endlich wieder mal meinen Wurmfortsatz anbringen. Ach, Würmer ... Würmer haben's leicht. Würmer, Wasserflöhe und Blattläuse betreiben die Jungfernzeugung, die sogenannte Parthenogenese. Ich indes muss mir stets den Mund fusselig reden, wenn sich an mir der Reproduzierungsinstinkt regt. Bei Reptilien legt die Bruttemperatur das Geschlecht fest, mein gestriges Geschlechtsfest war zwar eindringlich, aber verhütet mit Schweinedarm – der alten Zeiten und meiner Tieraffinität wegen.
»Verwenden Sie auch den Genitiv in Wegen-Konstruktionen?«, fragte ich.
»Selbstredend«, sagte sie, und dass sie Cashewkern-Eiscreme nur des Wortes wegen esse. Ich aß Mercedes und fuhr nach Schinken, dachte ich mir, und wo ich das neulich gelesen habe. Mein Geist schweifte noch aus, ich musste mich konzentrieren, einen Plan verfolgen, ein Ziel anstreben.
»Wie schaut es aus mit Ihren Distanzierungsstrategien?«, legte ich nach.
Sie zwinkerte und öffnete die Lippen, einen Hauch bloß, nicht offen, nicht geschlossen. Man kennt das ja aus *Germanys Next Top Model*. Diese Lippenhaltung, die beständig gratwandert zwischen Laszivität und Belämmertheit. Bei ihr natürlich keine Spur von Schaf, sondern voll scharf, Chili ohne Dominic Heinzl, aber mit Kuschelecken- und Sido-Umhauhammer-Assoziationen. Kein Wort, aber eine Haltung.

Auch eine Antwort. Vorerst. Ich blieb ein paar Sekunden an dieser ihrer Lippenschau hängen, bemühte mich, Speichelfäden zu entdecken, doch da war nichts, alles makellos. Als meine Augen zu stier wurden, und ich bemerkte, dass sie langsam Mühe hatte, ihre Pornopose zu halten, blinzelte ich und suchte in meinem Floskelkarteikasten nach dem nächsten Fragekärtchen für derartige Situationen, blieb aber an der Frage hängen, ob ich gerade einen Gesichtsscan vornehme, und ob, wenn der Gesichtsscan Standard wird, es dann aus sei mit der Unterschlupfanonymität. Ob dann auch in der Stadt die totale Sozialkontrolle des Dorfes herrsche? Ein angsteinflößender Gedanke. Mein Hirn hing sich kurz an diesem Exkurs auf, ich neustartete mich, das dauerte, deshalb musste schnell Zerstreusplitt her.

Ich warf also was Ablenkendes ins Kommunikationsplanschbecken.
»Freiheit ist nicht Zügellosigkeit, sondern das Resultat strenger künstlerischer Zucht«, schwitterte es aus mir. Ich sah, dass sie die Gelegenheit nützte, um ihre Visage wieder in Ordnung zu bringen, vermutete, dass sie mir nicht wirklich zugehört hatte, was mir in Anbetracht des hervorgezauberten Zitats auch lieber war, und fand nun endlich wieder Brauchbareres.

»Verfügen Sie über einen Sehnsuchtsstachel?«, bohrte ich nach. Dabei fiel mein Blick auf ihre Schenkel, landete dort sanft und wanderte weiter zu den Waden. Ich musste an Ringwaden denken. Ringwaden sind riesige (nö, nicht rissige) Fischernetze und schon hatte mich mein Gedankensumpf wieder, zog mich runter, und diktierte mir Fragen: Bin ich ein befreiter Antennenfisch mit Knubbelnase? Haben Fische überhaupt Nasen, vom Hammerhai abgesehen? Weiß der Geier? Die industrielle Ringwadenfischerei jedenfalls ist alles andere als schön, blubberte mir wer oder was in die Kommandobrücke. Ihre Waden, Schenkel, Knie aber waren definitiv Spitzenware. Die Schleppangel ist auch eine eher fischunfreundliche Fangmethode, fiel mir noch ein. Dennoch dachte ich bereits ans Abschleppen und gönnte es meinen Sinnen, sich noch ein paar Sekunden an der Beinwundererscheinung zu weiden. Alles in und an mir schien es dann urplötzlich sehr eilig zu haben. Nur so ist das Vorpreschen der folgenden Frage zu verstehen.

»Haben Sie weitere geheime Koituskomplizen?«, fühlte ich ihr auf den Zahn. Ihr Kompromittierungsschmelz erwies sich als resistent.

»Sowohl als auch«, gab sie zu Protokoll, ferner, dass sie flausenlose Gutmütig- und unprätentiöse Gemütlichkeit schätze.
In der feinen Unterwäsche ihres Bewusstseins muss eine entspannte Persönlichkeit sitzen, so viel lässt sich schon mal sagen, sagte ich mir. Zu fragen, was ihre präferierten Frühstückseipingeleien seien, schien mir zu verfrüht und der angestrebten Penissache wenig dienlich. Ich legte es also kryptisch an und erkundigte mich nach dem Stand ihrer Verfertigungsvertiefungsbereitschaft.
Sie gegenfragte: »Wie steht's um Ihre?«
Jetzt geht's gleich in die Kiste dachte, ahnte, wusste ich: Klöppeln, kleschen, knallen (K-Wörter sind lustig, nicht? Kanusper-Kanausper-Kanaut, Knoppser-Kniebel-Knürsterlix, Kamnosen-Kraupthasl-Knum. Schluss mit lustig!). Jetzt den Bewerbungsfaden weiterzupfen, sagte ich mir, und volle Kraft voraus. Ich ging also aufs Ganze und spitzte zu: »Welche Badbenützungsregelverstöße ahnden Sie mit Kastration?«
»Heut«, so sie drauf, »heut sei mir jede Versautheit recht und billig.« Klarmachen zum Versenken, dachte ich und sprach: »Na dann lass uns strudeln, nudeldicke Dirn, lass mich ran ans Geläut, geh mir ans Gewirks und hau den Lukas.«
Das tat sie. Ich tat auch. Wir ta-taten, tu-tuten, tuteten, juchzten und jodelten. Ja, wir jauchzten gar, jausneten danach und stärkten uns mit Tränken. Ich reichte ihr meinen gut gefüllten Bembel, und sie war es zufrieden.
(*Fortsetzung möge folgen*)

Punktewertung Herren					
Ranking	1	2	3	4	5
	6	7	8	9	10
Distanziert, qualifiziert oder Geier: 0					

Wienwinter für ganz Arme

100 % ORIGINAL MIEZE MEDUSA

Hey Wien!
Du bist Winter für ganz Arme.
Hast ganz schlechtes Karma.
Einen Bierbauch wie ich, aber schlechteren Atem.
Hast so gar keinen Sexappeal.
Dein Grauschleier ist zum Aufschreien.

Ich würde gerne, gerne, gerne gehn,
doch kann ich mich grad nicht aufraffen zum Ausreiten.
All my bags packed,
I'm ready to go.
Aber ich komm nicht weg.
Nichts hält mich, ich steck bloß fest
im Treibgatsch der Gassen.
Kann schon sein, ich übertreib, wenn ich sag:
Mir steht der Streusplitt bis zur Halsstarrigkeit.
Die Stadt streut Graulicht stroboskopgleich
in meine Augen.
I wear my Großstadtgletscherbrillen day and night.
Ja, das kannst mir glauben –
Und das MIR!
Miss Ich-bin-sogar-im-Sommer-bleich,
Miss Nachtaktiv,
Miss Tageslicht-brauch-ich-doch-nicht.
Doch wenn's dann allen fehlt,
merk ich, dass ich – Wienerin bis ganz ins Herz –
grad grundlos mit dem Postler streit. Und der hat auch noch recht
gehabt, so sorry.

Aber: Think Pink ist für uns alle grad a Fremdsprache,
von der Laune her könnt ich heut hasspredigen wie HC Strache,
und das tu ich grad, wenn auch ohne Kreuzeinsatz,
das wär zum einen unerlaubtes Requisit,
zum anderen macht mich a Depression nicht grade gläubiger.
Ich hab Koffer gepackt,
voll mit Slamtexten als Propagandamaterial,
und mit am Schwarzmarkt erschlichenen
plastiksprengstoffstichhaltigen Zeilen.
Bin quasi (wenn's das gibt)
laizistischer Islamit.
Und würde gern via Wien ins Paradies ausreisen …
Doch halt:
In Wahrheit hab ich keine Zeilen, die Bomben gleichen,
hab keinen Schwarzmarkt für Texte gefunden.
Und die Sätze, die ich schreib, werden so für sich gesehen
halt nicht für BUMMM!, für Detonationen und Erbeben reichen.
Das ist asi-
asi-
asi-
asymmetrische Kriegsführung mit so gar keiner Chancengleichheit
auf meiner Seite.
Wien ist Pulverfass, mit einer Lunte, zu feucht, um Funken zu zeitigen.
Und ich, ich habe keine Selbstmordattentäterfantasien,
aber glaub mir: Im Winter in Wien
kann ich gut drüber schreiben.

Hey Wien!
Du bist Winter für ganz Arme.
Hast ganz schlechtes Karma.
Einen Bierbauch wie ich, aber schlechteren Atem.
Hast so gar keinen Sexappeal.
Dein Grauschleier ist zum Aufschreien.
Ich würde gerne, gerne, gerne gehn,
doch kann ich mich grad nicht aufraffen zum Ausreiten.

I'm on the road again,
stapf durch Schneewassergraubereiche.
Seh vor lauter Dreck den Asphalt nicht mehr.
Ich wünsch mich weg, weg, weg,
so what else is new?
Ich müsst ja bloß in einen Zug einsteigen,
doch ich bin Wienerin, Schimpftalent und Jammerqueen,
ich verlass doch nicht ein Schiff,
das am Boden liegt und dort im Schnee versinkt.
Ich nütze die Gelegenheit zum Grausehen und darüber reden.
Wien! Du willst Weltstadt sein?
Geheimnisvolle Attraktion,
magnetisch im ¾-Takt.
Du lockst mit Ausverkauf und Glühweinstand,
lädst ein am Ring zum Kreise ziehn auf Kufen,
und bewirbst dich selbst als Reiseziel for all seasons – welche Lüge!
Wien!
Du bist frühlings-, herbst- und sommergrün, aber wintertrist.
Kannst nicht mal Plastikkitsch wie Kitzbühel das Wasser reichen.
Bist kein Neuschneehang, kein Wedelweiß, kein Tatendrang,
bist maximal noch Après-
Après-
Après-Ski.
Also voll mit Zombies und Schnapsleichen,
und ich bin Teil von dir – könnt mir bitte wer an Schnaps reichen!

Hey Wien!
Du bist Winter für ganz Arme.
Hast ganz schlechtes Karma.
Einen Bierbauch wie ich, aber schlechteren Atem.
Hast so gar keinen Sexappeal.
Dein Grauschleier ist zum Aufschreien.
Ich würde gerne, gerne, gerne gehn,
doch kann ich mich grad nicht aufraffen zum Ausreiten.

Punktewertung Damen					
Ranking	**1**	**2**	**3**	**4**	**5**
	6	**7**	**8**	**9**	**10**
Ungerecht, dauerschimpfend oder Zombie: 0					

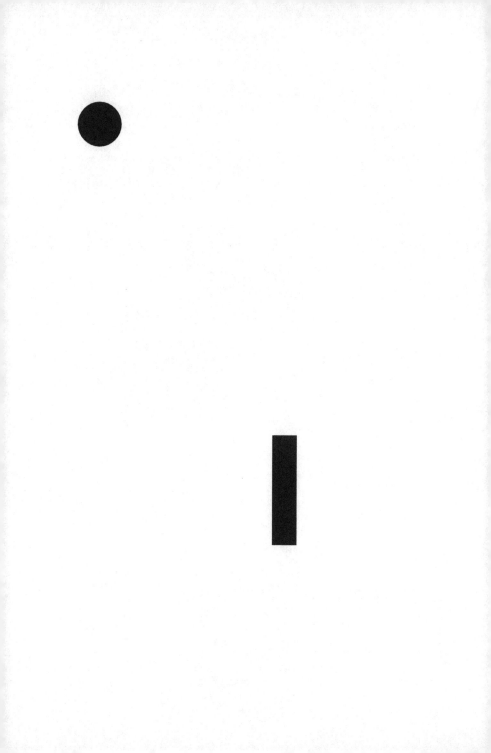

NACHSCHLAG

HAUSÜBUNG: Beschreibe einen dir unbekannten *Passanten* und mache daraus einen *Interessanten*. Lege dabei besonderes Augenmerk auf den ersten Satz. Der ist, sofern gelungen, oft bereits die halbe Miete.

Überschrift:
Der Nasenheini

Erster Satz: *Seine Visage präsentierte sich ramponiert wie ein 4er-WG-Abwaschschwamm am Semesterende.* Seine Backentaschen machten einen tamponierten Eindruck. Was heißt hier Eindruck! Sie waren ausgebeult wie die einer Urwaldeule mit Mumps in voller Backentaschenblüte. Seine Augen waberten glasig wie ein Spiegelei von glücklichen Hühnern aus Freilandhaltung, die noch wissen, was ein rechter Gockel ist, und ihm seinen schreiend roten Kehllappen schon »vire« richten. Auf seine Nase allerdings konnte er sich etwas einbilden. Diese Nase hatte das Zeug, ganz groß rauszukommen. Eine geradezu mustergültige Nase. Löcher? Ja – zwei. Allein diese Pforten zum Hirn Löcher zu schimpfen, geziemte sich nicht. Nasenhaare? Ja – auch. Aber Haare mit Stil und Standhaftigkeit. Nasenhaare, die der Hirnpforte einen gleichermaßen geheimnisvollen wie charaktervollen Anstrich verliehen, ohne dabei unschön aus dem Territorium hervorzuragen. Was heißt hier Anstrich, es muss vielmehr blickdichte Verbuschung heißen. Von gebieterischen Nasenflügeln und einer majestätischen Nasenscheidewand in Zaum gehaltene blickdichte Verbuschung. Eine Nasenscheidewand, die every Koksers Paradise wäre. Der Nasenscheitel ein Gleitstück ohne Schikanen, Buckel und Schlaglöcher. Die Nasenspitze keine Schanze, keine Schande und auch kein zerdepschter Knatschknopf. Die Nasenwurzel nicht knollig, nicht verkorkst, sondern schlicht: schlicht. Diese Nase verzieh alles, mit dieser Nase konnte er alles wegziehen. Diese Nase ließ das Restgesicht vergessen. Diese Nase brauchte gar kein Restgesicht. Diese Nase brauchte höchstens einen Vertrag mit *Tempo, Zewa* oder *Feh* – als Nasenmodell und unique selling proposition. Diese Nase wird auf jeden Fall ihren Weg gehen. Diese Nase schnüffelt sich – sofern das Sprichwort mit dem Johannes stimmt – auf jeden Fall noch hoch, höher, am höchsten. Diese Nase hätte sich, wenn schon, dann definitiv ein besseres Restgesicht verdient.

Gehören die Ohren eigentlich zum Gesicht? Egal. Seine Ohren jedenfalls waren große, ferne, vermutlich nur zum Teil erforschte Kontinente, die auf unterschiedlichen Breitengraden lagen, sich aber durch besondere Fruchtbarkeit auszeichneten, wofür der Wildhaarwuchs und die Schmalzstalaktiten beredtes Zeugnis ablegten. Neben Hammer und Amboss hatte in diesen Wascheln eine ganze Maschinenschlosserei Platz. Zum Trommelfell gesellte sich ein gesamtes Orchester mit Pauken, Trompeten und Quotenharfistin. *Harfistin*, das hätte ich jetzt besser nicht geschrieben. So unversaut kann man gar nicht sein, dass man da nicht »hart fisten« liest oder denkt, was so ziemlich der ärgste Kontrast zum erwähnten Berufsbild der Harfistin ist. Aber zurück zu seinen Ohren. Das hätte ich jetzt besser nicht geschrieben. *Zurück zu seinen Ohren* klingt nach einem semi-ernst-gemeinten Selbstfindungs-Dokudrama-Titel. Das hätte ich jetzt wohl besser auch nicht geschrieben. Aber ich weiß leider, wie es dazu kam. Ich wollte von seinen Haaren ablenken. Also nicht die in der Nase, auch nicht die in und an den Ohren, an den Backen, an den Brauen, am Hals, am Jochbein, am Kinn – mein Gott, dieses Jammertal Kinn! –, auch nicht die Haare auf der Oberlippe, auf der Warze zwischen Oberlippe und Nasenscheidewand, nein, ich mein die Haare am Haupt, am Dach, seine Dachpappe. Ob der Dachboden wohl mit Hirn oder mit Scheiße ausgebaut ist?, fragte ich mich zwischendurch. Wieder ein Ablenkungsmanöver, nichts weiter. Ja, nichts lieber als weiter ablenken, gerne auch auf Abwege geraten, um nur nicht auf diese Haare zu sprechen kommen zu müssen. *Zu sprechen kommen zu müssen* ist so als Anhäufung von Nennformgruppen mit *zu* wohl auch recht gelungen. Aber an seinem Haar konnte beim besten Willen kein gutes gelassen werden.

»Har, har, har«, so lachte wohl jeder zynische Frisör in Anbetracht seines Haarelends. Das waren keine verfilzten Dreadlocks, sondern ver-

fettete Haarwürstel, kombiniert mit vereinzelten Fritteusenfrittenfransen. In Summe hatte er eine komplette Würstelbude am Kopf. Pfefferoni und Essiggurkerl ließen sich bei genauerer Untersuchung sicherlich auch aufstöbern. Käsekrainerdreadlocks sind auf mehrtägigen Festivals vermutlich nichts besonderes. Aber hier: Down-Town. Down-Bobo-Town im Museumsquartier, im so super slick genannten *MuQua*, im *MuQuaqua*, im *MuMuQuaqua*. Also im Plapper-, Kuh- und Froschgehege, im Artenschutzgebiet für große Klappen, Kuh- und Froschaugen, hier fällt eine derartige Würstelstandpanier schon aus dem Rahmen, dachte ich mir und war geneigt zu sagen: »Einmal Nasenragout mit Fritten, bitte.«
Da setzte sich die menschliche Müllhalde in Bewegung. Fliegen stoben auf. Eine Schwade, genährt von Verwesung und Fäulnis, wehte heran. Seine Haarwürste schlenkerten ungelenk, aber synchron mit seinen knochigen Armen. Wie eine Machete schlug sich seine Nase eine Schneise in meine Richtung. Mein Herz schlug höher. Er unheilte heran. Mir stockte Atem und Schreibe. Sein Blick schraubte sich in meine Augen. Ich senkte meinen Kugelschreiber, hielt inne, hörte auf, ging in Deckung, er direkt auf mich zu und sprach: »Scheiß Hausübung, hä?«
Das war's. Nichts weiter?

Doch, ein Nachsatz: Natürlich, natürlich alles gelogen ... Außer dem mit der Nase war alles gelogen. Der vorgeführte MuQua-Bobo war vielmehr insgesamt so perfekt wie seine Nase (ja, auch seine Brille), und dann, dann war der Nasenheini auch noch freundlich und sagte: »Übrigens, nur zu deiner Information, Neid ist eine der 7 Todsünden!«

```
Punktewertung Herren

Ranking        1    2    3    4    5

               6    7    8    9   10

Blickdicht, verbuscht oder gebieterisch: 0
```

Systemgetrieben
oder: Durch mein Wunschdenken wird kein Softwareentwickler arbeitslos, ganz im Gegenteil

100 % ORIGINAL MIEZE MEDUSA

Manchmal, wenn ich die Augen zumache und alles in meinem Bauchgefühl auf Empfang stelle, sehe ich ein Betriebssystem vor mir. Und nicht nur irgendein Betriebssystem. Eloquent ist es, weltgewandt, tadellos ausstaffiert mit blank geputzten Hardwarekomponenten, durchaus ein wenig einfach gestrickt, dort, wo ICH in seine Programmstränge eingreifen darf, braun gebrannt und durchtrainiert, aber eins mit so richtig dicken Hornbrillen und Vollbart, das sich nächtelang mit mir über die Unterschiede zwischen Buch und Film von *Herr der Ringe* oder über Douglas Adams, Stanislaw Lem oder Ursula Le Guin unterhält, während es im Hintergrund klaglos seine Stapelbearbeitungsprogramme rauf und runter stapelt, ein Betriebssystem, welches unique ist und unaufdringlich auf meine ganz spezifischen Bedürfnisse und Anliegen zugeschnitten.

EIN BETRIEBSSYSTEM, das, wenn ich mein Passwort eintippe, zwar nicht mehr als 8 Buchstaben verwendet, aber interessiert mitliest, während ich ein paar Fingerübungen für meinen neuen Roman weltexklusiv an ihm ausprobiere.

EIN BETRIEBTRIEBTRIEBSSYSTEM, das für solche Fälle einen kleinen Vorrat an Lachen aus der Dose eingelagert hat.

EIN BETRIEBTRIEBTRIEBTRIEBTRIEBTRIEBSSYSTEM, das gelegentlich empört zurückschnauzt: »I don't do ps, I do pms.«

EIN BETRIEBSSYSTEM, das meine Steuererklärung kreativ zu meinen Gunsten umformuliert.

EIN BETRIEBTRIEBTRIEBSSYSTEM mit einem Netzwerkprotokollgabelstapelfahrerdonaudampfschifffahrtsumfahrungsstraßenkapitänskajütenadjutanten, der jederzeit bereitsteht, um mir einen Kaffee zu holen. Mit Milch und einem Glas Wiener Hochquellwasser, so wie sich's gehört.

EIN BETRIEBSSYSTEM, das mal ordentlich auf den Tisch haut und sagt: »Was, du bist zu faul um 8 + 10 im Kopf auszurechnen? Und du willst die Krone der Schöpfung sein? Ecce Homo.«

EIN BETRIEBTRIEBTRIEBSSYSTEM mit erduldbaren Wartezeiten, gemessen in Echtzeit, nicht in Microsoftminuten.

EIN BETRIEBSSYSTEM, das nicht nur brav Nullen und Einsen addiert, oder sonstwie kombiniert, bis es auf die 42 kommt, nein, ein Betriebssystem, das die passende Frage auch dazuliefert, und weil wir grad bei Nullen und Einsen sind:

EIN BETRIEBSSYSTEM, das sich nicht auf Nullen und Einsen und nochmal Nullen festlegt, sondern auch mit dem numerischen oder, von mir aus, hexadezimalen Äquivalenten von den Graubereichkommastellen dazwischen klarkommt, oder zumindest so tut als ob, aus Höflichkeit oder aus Angst davor, meine Gefühle zu verletzen, und weil es doch weiß, dass, wenn ich wirklich mal laut über den Sinn des Lebens nachdenke, sogar der Barmann den Raum verlässt, aber vorher zur Sicherheit noch 42 kalte klare Kurze vor mir aufstellt, und ich hab immer noch keine Ahnung, was die Frage gewesen sein könnte, nehme aber später Vorschläge an der Bar entgegen.

EIN BETRIEBTRIEBTRIEBTRIEBTRIEBTRIEBSSYSTEM, das keine Oden liest, sondern Zeitabläufe, die sind genauer.

EIN BETRIEBTRIEBTRIEBTRIEBTRIEBTRIEBSSYSTEM mit einem mitgelieferten Team von mutigen ExpertInnen zum Entschärfen von potentiell exponentiell explodierenden Forkbombs.

EIN DEM L'ART POUR L'ART VERPFLICHTETES BETRIEBSSYSTEM, universell gelehrt, welches sich nicht nur für Assemblersprachen interessiert, sondern auch mal ein paar Orchideenfächer an der Uni belegt, oder einen Volkshochschulkurs in einer exotischen Fremdsprache, Althochdeutsch oder Finnisch oder Kantonesisch-Indochinisch oder so was – oder Tschechisch.

EIN BETRIEBSSYSTEM mit einem Betriebswirten, der ungefragt das nächste Bier serviert.

EIN BETRIEBSSYSTEM mit einer Funktion, die den Sekundenschlaf verhindert, nix *usleep,* also *no u sleep* als die Ö3ver-taugliche Formel für: »Du sitzt am Steuer eines tonnenschwer beladenen Lasters, den die ÖBB versehentlich von der Schiene auf die Straße zurückverlagert hat. Vor, neben und hinter dir rollen eh nicht so heile, aber immerhin unversehrte Familien in den Urlaub – Vater-Mutter-Kind auf dem Weg nach Lignano, dort werden wir schon sehen, wie viel Lack an ihrer ach so innig-intakten Famillienfassade noch bleibt, wenn sie sich zwei Wochen nicht aus den Augen verlieren können – aber du, Brummifahrer, sollst den Lack ihrer Familienkarosse brav in Ruhe lassen, also untersteh dich und schlaf jetzt ja nicht ein!«
»Finger weg vom Flachmann«, könnte so ein Betriebssystem in diesem Fall noch hinterherrufen.

EIN BETRIEBTRIEBTRIEBSSYSTEM, das mir und meinen Anliegen einen ganz, ganz niedrigen, quasi gegen null gehenden Nice-Wert zuweist.

EIN BETRIEBSSYSTEM, das gelassen zulässt, dass ich bei Vollmond seine Baumstruktur zu umarmen versuche.

EIN BETRIEBTRIEBTRIEBTRIEBTRIEBSSYSTEM, das einer viralen Attacke eine Armee an Zombies entgegenstellt.

EIN BETRIEBTRIEBTRIEBTRIEBTRIEBTRIEBTRIEBTRIEBTRIEBSSYSTEM, das, wenn ich *what is mieze medusa* eintippe, mir eine Antwort zurückpromptet, mit der ich leben kann.

EIN BETRIEBTRIEBTRIEBTRIEBTRIEBTRIEBTRIEBSSYSTEM, das mich mit einem sanften »noknok, Neo« daran hindert, eine Kopfschmerztablette einzuwerfen und weiterzuarbeiten, und mir eigenhändig die Socken auszieht und meine Zehenspitzen in den Sand gräbt.

EIN BETRIEBSSYSTEM, das der Post erklärt, warum TCP ihrem Briefzustellsystem überlegen ist. Sie wissen's ja eh, aber nur für den Fall, dass jemand von der Post zufällig heute hier ist zum Mitschreiben: Weil die Datenpakete ankommen und mich dabei noch nicht mal aus dem Schlaf klingeln, bloß weil irgendwer vergessen hat, den Brief mit einer Briefmarke zu versehen, oder wer anderer sichergehen will, dass die Post seinen Briefverkehr nicht durch Nichtzustellung untergräbt, so dass der/diejenige auf eigenhändiger unterschriftlicher Annahmebestätigung besteht. TCP würde das nie tun.

EIN BETRIEBSSYSTEM, das nicht nur die *Shell* zum Kommandointerpreter macht, sondern auch die *ÖMV*, die *ESSO*, sowie die anderen Konkurrenzfirmen, die ich als Nichtautofahrerin nicht mehr zu benennen weiß, die ich aber als überzeugte Nichtautofahrerin unbedingt mit einer Schelte bedenken will, und die – schon allein deshalb – mein Betriebssystem eben ebenfalls (Achtung: Doppelbedeutung!) zum Zug kommen lässt, vorher aber genannten Kommandoübersetzern, oder noch besser, den Kommandogebenden, einen Schnellkurs in Sachen fair getradetes Rohöl gibt.

EIN BETRIEBTRIEBTRIEBTRIEBTRIEBTRIEBTRIEBTRIEBTRIEBTRIEBTRIEBTRIEBSSYSTEM, das in seine message of the day auch mal ein Bachmanngedicht verpackt.

EIN BETRIEBSSYSTEM, das jederzeit weiß, dass mein Befehl *kill PID Doherty* keineswegs wörtlich zu nehmen ist, dass dann aber automatisiert stündliche E-Mails an alle österreichischen Radiosender schickt mit meinem Tracklistenvorschlag für den Rest des Tages.

DIE EIERLEGENDEWOLLMILCHSAU UNTER DEN BETRIEBSSYSTEMEN, also eins, das auch von mir, also von einer D.A.U.* Jane, zu bedienen ist, reibungsfrei funktioniert und sein Geld nicht mit so Unwesentlichkeiten wie mit einem schick designten Mobiltelefon macht.

EIN BETRIEBTRIEBTRIEBTRIEBTRIEBSSYSTEM, dass mich auch mit 80 noch von seinem nicht mit Mobiltelefonen und MP3-Devices verdienten Geld zum Geburtstag einlädt.

EIN BETRIEBSSYSTEM, das aus der Frage: Bist du jetzt ASP oder PHP? nicht gleich einen Glaubenskrieg macht. Wir glauben an die Möglichkeit einer maschinensprachlichen Toleranz, an interkodierte Kompatibilität, an Weltfrieden, an steigende Aktienkurse und daran, dass unsere Eltern uns nicht geboren, sondern *geforked* haben. Via Storchenflug.

EIN BETRIEBSSYSTEM, das bei Bedarf seinem *vi* noch ein *i* danach und ein Hackerl davorhängt, und mich zu einem Tennismatch auffordert. Hui, *wii* schön.

EIN BETRIEBTRIEBTRITRITRITRIEBSSYSTEM, das nicht in einer Endlosschleife abschmiert oder nicht einfach mal bloß so – hui, wiiiiie blöd – abstürzt.

EIN BETRIEBSYSTEM, eben, kein Betrübsystem, aber darum kümmert sich ja, glaub ich, eh schon wer.

Punktewertung Damen				
Ranking	1	2	3	4	5
	6	7	8	9	10
Verpackt, vergraben oder eingeladen: 0				

---

* D.A.U. = dümmste anzunehmende Userin

Ein he-ho, hossa-hossa Glühweinhalleluja*

1. Vorweihnachtszeit
Schokobusserl, Linzerauge, Streuselsterne, Spritzgebäck,
Kekse locken, Kerzen leuchten, Kinder heulen, Weihnachtszeit.
Eltern panisch, Fichte dänisch, Glühwein damisch, Christbaummarkt.
Tannenspitze, Punschgroghitze, Eismatschwitze,
SCHNE-E-FR-Ä-SE!! *(laut aufheulend, gelängt)*
Weihnachtspünsche, rote Schlümpfe, dicke Strümpfe, Glühweinrausch.

Ein Geldtausch im Punschrausch, kein Wunschkauf,
GELD MUSS RAUS! *(alle)*
Ein Geldtausch im Punschrausch, kein Wunschkauf, GELD MUSS RAUS!

Schokobusserl, Linzerauge, Streuselsterne, Spritzgebäck,
Kekse locken, Kerzen leuchten, Kinder heulen, Weihnachtszeit.
Eltern panisch, Fichte dänisch, Glühwein damisch, Christbaummarkt.
Tannenspitze, Punschgroghitze, Eismatschwitze, SCHNE-E-FR-Ä-SE!!
Weihnachtspünsche, rote Schlümpfe, dicke Strümpfe, Glühweinrausch.

Ein Glühwein, wer lädt ein, wer trinkt mit, ich bin fit.
Zwei Glühwein, Schnaps heizt ein, Kraut haut raus, Saus und Braus.
Drei Glühwein, schön fett sein, ned blöd tun, sonst gibt's Rum.
Vier Glühwein, mehr Rum rein, mehr Schnaps her, mir schmeckt der.
Fünf Glühwein, Enge-lein, la-la-la-lal-len, jetzt müssma zahl-en.

Ein Geldtausch im Punschrausch, kein Wunschkauf, GELD MUSS RAUS!
Ein Geldtausch im Punschrausch, kein Wunschkauf, GELD MUSS RAUS!

---

* Ein interaktiver, polyrhythmischer Weichnachtswahnsinn-Sing-Sang in zwei Strophen.

2. Heiliger Abend
Vater, Mutter, Bruder, Schwester, Enkelkinder, alle da.
Wunderkerzen, Strohkitschherzen, Weihrauchwolken, Feiertag.
Glöcklein läutet, Kinder stürmen, Sterne spritzen, STI-I-LLE NA-CHT!!
(*in bekannter Intonation*)
Singen-singen, schräge Stimmen, muss nicht stimmen, Wille zählt.

Dritte Strophe, Textprobleme, la-la-la-la … oh, wie lacht.
Lied beenden, kurze Stille, Hände reichen, Heil'ge Nacht.
Wickel-wickel, raschel-raschel, ritsch und ratsch, und Schachtel auf.
Dicke Strümpfe, Weihnachtswünsche, Lederstiefel; Winter, kalt.
Freude-Freude, tolle Stiefel!, brauch-ich-brauch-ich unbedingt,
Lächeln schenken, Blicke suchen, Hände schütteln,
VI-I-IEL-EN DA-NK! (*in Stille-Nacht-Intonation*)

Kinder quengeln, wo ist Rodel? Christkind-Dodel – Widerstand!
Wünsche offen, Kind betroffen, Tränen nahen, roter Kopf.
Spiele scheiße, Bücher gaga, Hose rosa, Rodel her!
Kinder meutern, Eltern zittern, Tränen fließen,
OH WIE LACHT!! (*in Stille-Nacht-Intonation*)
Keine Rodel, Christkind-Dodel, Christkind-Vater!, versagt hat er!
Versagt hat er! Versagt hat er!
Weihnachtswahnsinn, super Sache, alle sauer, Stimmung flauer.
Weihnachtsfriede, immer wieder, alle zwider, Stimmungstief.

Letzte Rettung, letzte Ölung, Essen fassen, ausgelassen.
Nudelsuppe, Biokarpfen, Mutterkekse, Festtagsschmaus.
Christbaumspitze, Ofenhitze, schlechte Witze, SCHN-E-E-FR-Ä-SE!!
Schlürf und schmatz und schluck und guuut!
Schlürf und schmatz und schluck und aaah!
Kerzen leuchten, Kinder heulen, Eltern saufen, STI-I-LLE NA-CHT!!

Ein Glühwein, wer lädt ein, wer trinkt mit, ich bin fit
Zwei Glühwein, Schnaps heizt ein, Kraut haut raus, Saus und Braus
Drei Glühwein, schön fett sein, ned blöd tun sonst gibt's Rum
Vier Glühwein, mehr Rum rein, mehr Schnaps her, mir schmeckt der

Fünf Glühwein, komm schütt rein
Sechs Glühwein, sieben Glühwein, bei Nummer acht, dann schlapp gemacht
Gl-Gl-Gl-Glühwein, Eng-ge-ge-ge-lein, la-la-la-lal-len, bis zum Umfallen
Zahlen bitte!

Ein Geldtausch im Punschrausch, kein Wunschkauf, GELD MUSS RAUS!
Ein Geldtausch im Punschrausch, kein Wunschkauf, GELD MUSS RAUS!

Weihnachtsräusche, super Sache, immer wieder, raus den Flieder
Weihnachtswahnsinn, stets aufs Neue, Jahr für Jahr, ab an die Bar!
GELD MUSS RAUS!

Punktewertung Herren					
Ranking	1	2	3	4	5
	6	7	8	9	10
Zu viel bezahlen für jeden Schas: 0					

Kein Halt, kein Schlaf, kein Turnaround
Oder: Oh Orpheus!
Oder: Und er umdrehte sich doch

Dreh
dich
nicht
um,
hat er (wohl zu sich selbst) gesagt,
und ist vorausgegangen.
Im Abgang waldig, im Auge ein Schulterzucken und wenig Nachhall.
Kein Halt, hat er gesagt, kein Schlaf, kein Blickkontakt. Dann schritt er
siegessicher und leierschwingend voran, als ob wir den trostlosen
Vorort unserer Verortung schon hinter uns gelassen, als ob wir den
ordentlichen und ordnungsgemäßen Abzug unserer Verortbarkeit
offenbar ohne Obsonderlichkeiten, dafür otterngleich und ohne
Stottern, längst vollzogen hätten.
Abmarsch, immer der Marschrichtung nach, sagte sein wenig beredter
Rücken, bevor er im Nebel oder unter dem Horizont oder hinter der
Hecke verschwand.
Kein Halt, kein Schlaf, kein Turnaround.

Das ergibt doch alles keinen Sinn.
Was eben noch ein verträumtes Michauflösen war, ist jetzt eine wachrufende, vor sich hin suchende Exitstrategie.
Was eben noch ein Vergessen war, ist jetzt ein klingeltönender Weckruf mit Handlungsanweisung von ganz oben.
Was eben noch ein Hier und Jetzt war, ist so suddenly something entirely else.

Dreh dich bloß nicht um, flüstert der unterdes unentschuldigt fehlende Rücken unter dem Horizont hervor und meint damit sich selbst. Ich kann ihn singen hören:

Drah die ned um oh oh oh.

Der unterdes unentschuldigt fehlende Rücken singt mit sich selbst, singt für sich, doch sein Gesang zieht mich mit. Mit Ohropax gegen den Wachzustand, dafür ist es jetzt so suddenly so totally too late.

Doch bevor ich von hier fortgehen kann, eine Bestandsaufnahme – für die Nacherzählung nachher:

Wo ich bin, ist das Out.
Wo ich bin, fällt Wasser von den Rändern der Welt.
Wo ich bin, dreht sich alles um die Scheiben meiner Selbst.
Wo ich bin, wischt sich was Dunkles den Staub aus den Augen.
Wo ich bin, stößt sich was Graues die Hörner ab.
Wo ich bin, ist der Sumpf vom Himmel gefallen.
Wo ich bin, sind die Engel eitel.
Wo ich bin, klagt die Nachtigall nicht mehr.
Wo ich bin, lass dich nicht nieder, wenn man singt.
Wo ich bin, ist kein Ort für Rückschau.

Drah die ned um oh oh oh – Oh Orpheus!

Das Lied ruft mich, legt sich mir wie Brotkrumen vor die Füße, ein tonales Leitsystem für Weitsichtbehinderte. Er singt. Für sich, aber er macht mir die Welt unumgänglich, er macht mir die Hölle zur Hölle. Es juckt unter der zerfallenden Haut, es setzt sich Molekül neben Molekül, P neben O, neben Adenin, neben Guanin, neben Cytosin, neben Uracil, neben mehr davon, und das doppelt um sich selbst gewickelt. Ich bin sein Baukasten, sein Meisterstück. Er nimmt mich mit.

Doch bevor ich gehen kann, ein Bestiarium für die Nacherzählung nachher.

Es gibt hier:
Tiere mit Hufen.
Tiere mit Hörnern.
Tiere mit Höckern.
Tiere mit Schuppen.
Tiere mit Zähnen an unerwarteten Stellen.
Menschen mit Fell.
Menschen mit schütterem Haupthaar.
Menschen mit Tonleitern auf den zersprungenen Lippen.
Menschen in Ketten.
Menschen in Kutten.
Menschen mit Wut.
Menschen mit unerwartet hart enttäuschten Erwartungshaltungen:
»Wie, das Purgatorium wurde gecancelt? Aber ich hatte doch schon vor Jahrhunderten reserviert?«
»Wo, bitte, sind jetzt die 1000 Jungfrauen, die mir versprochen wurden?«
»Wer hängt denn die Trauben so verflucht hoch?«
Menschen mit Racheplänen.
Menschen mit Poltergeistpotenzial.
Menschen mit Zähnen an unerwarteten Stellen.
Menschen mit scheelem Blick.
Jim Morrison im Duett mit Elvis.
Der Horizont im Duell mit einem harmlos tuenden Ellipsoid.
Die Nachbarin von vis-à-vis.
Ein Mensch, das eh weiß, wo's rausgeht, das aber leider Kassandra heißt.
Ein Mensch, der Steine bergauf rollt.
Ein Mensch, der Scheinen blutigen Tribut zollt.
Ein goldenes Kalb, ein geopfertes Kind, ein Bild von einem Teufelchen.
Ein hochnotpeinlich befragender Inquisitor.
Ein gehörnter Sterndeuter.
Ein behufter Geheimniskrämer.
Ein entzweigerissenes Rumpelstilzchen, von dem jeder den Namen weiß.
Ein »Ich-bin-ein-Gottesbeweis« rufendes Higgs-Teilchen.
Eine verfinsterte Sonne.

Ein auf Hosentaschenformat geschrumpfter Quasar.
Ein Quantum trostlos.
Ein Quäntchen Unglück.
Jeder Jedermann, der je auf einer Bühne stand.
Eine Prise Weltuntergang.
Ein »Darf's ein bisschen mehr sein?«-fragender Weltkrieg.
Ein im Kampfsport wohlunterrichteter Quamit.
Ein beschleunigtes Partikelchen.
Ein Höllenauto ohne Parkpickerlchen und Abgasfilter.
Eine Scheintür.
Eine Falltür.
Ein Falschtuer.
Ein Brandredner, wie der, dessen Rücken unterdes immer noch unentschuldigt fehlt und der für sich singt.

Drah die ned um oh oh oh.

Ich ihm also nach. Die Tonspur weist Weg. Kassandra schaut bedrückt und deutet woanders hin. Ich glaub ihr nicht. Und glaubte ich ihr, ich hätte keine Wahlqual. Die Hölle funktioniert nicht auf Basis eines freien Willens, und Orpheus verführt mich, aufgelöste Restidee von seiner Frau, mittels lautem Lautenspiel, mir zugedrehtem beredten Rücken und einer Tonspur Hoffnungskrumen, die er mir vor die Füße wirft wie einen Fehdehandschuh.

Folg mir, und du wirst wieder sein.
Folg mir, und alles wird diesmal besser sein, oder wenigstens anders.

Der Höllenhund bellt aufgeregt. Der Fährmann schaut streng in meine Richtung. *Drah die ned um oh oh oh.* Mit jedem Schritt wird das Singen lauter. *Drah die ned um oh oh oh.* Mit jedem Schritt wird der Nebel lichter. *Drah die ned um oh oh oh – oh Orpheus.*
Mit jedem Schritt löst sich der entschwebende Rücken stärker vom Hintergrund ab. Und Orpheus singt:

Drah di ned um oh oh oh.

Aber er denkt darüber nach.
Ich seh das Zucken um seine Schultern.
Ich seh Gedanken hin und her blitzen.
Ich sehe, wie locker der Kopf auf seinen Schultern sitzt und wie beweglich.

Dreh
dich
nicht
um,
sag ich zu ihm.
Jetzt, wo ich wach bin, jetzt, wo meine Haut sich über dem Kribbeln zu einem weltfähigen Panzer verhärtet, jetzt, wo mein Blick sich zurückschärft und die Unterschiede zu erkennen beginnt, und die Grenzen des Erzählbaren, jetzt, wo ich die Hölle so weit verlassen hab, dass sie mir unsagbar erscheint und mehr und mehr unfassbar grau in grausam.
Jetzt, wo ich mich zum Gehen entschlossen habe, und zum Erzählen des unfassbar Grauen. Jetzt, wo mich dein Lied ruft. Dreh dich jetzt bloß
nicht
um.

Und er?
Er umdrehte sich doch.

Wo ich bin, ist das Abseits.
Wo ich bin, rollt das Schweröl von den Rändern der Welt.
Wo ich bin, dreht sich alles um die Bilder meiner Selbst.
Wo ich bin, zieht sich was Graues den Staub durch die Nase.
Wo ich bin, stößt sich was Dunkles die Knie wund.
Wo ich bin, ist ein Stumpf vom Himmel gefallen.
Wo ich bin, klagt die Nachtigall nicht mehr.
Wo ich bin, sind die Sänger eitel.
Wo ich bin, ist kein Ort für Rückschau.

Punktewertung Damen					
Ranking	1	2	3	4	5
	6	7	8	9	10

Als ich das Echoorakel befragte, weil ich einfach keine Lust mehr hatte, mich weiter auf Tageszeitungshoroskope, Handlesereien und ähnliche Orakelsprüche zu stützen, aber trotzdem unbedingt wissen wollte, wie das alles so weitergehen wird mit mir und der Welt und dem Tag heute.

1
Ich also am Knien:
vorgebeugt,
auf Ellbögen gelehnt,
die Haut liest Schattenrisse aus Beton,
Hals durchgestreckt, Kopf geneigt, Nase wie immer ein wenig zu weit vorn:
»So«, blitzt es in meinem Kopf, »so kniete Narzissus«:
vorfreudig, erregt, voller Erwartung auf das, was die Wasseroberfläche, in meinem Fall eine schmutzige Großstadtpfütze, eine Senke im Beton, gefüllt mit regenwasserverdünnter Hundepisse, gespickt mit Zigarettenstummeln und fast verblichenem Kaugummipapier – bei aller

Liebe zur Urbanität, ich könnte mir schönere Gewässer ausmalen, mit Schilf und Klarwasser, aber du kannst nicht immer ins Salzkammergut fahren oder an den Bodenseee, wenn du nach Antworten suchst, und was ist denn besser an einer Glaskugel? Einem Glückskeks? Oder an einem Kleinformattageszeitungshoroskop?
Wenn ich mich also vorbeuge, zweifelgeplagt und müde und hungrig nach Antworten:
➻ Geben Sie heute alles im Beruf!
➻ Seien Sie heute besonders vorsichtig im Umgang mit den Vorgesetzten!
➻ 42!

Wenn ich mich also voll reinknie und mich vorgebeugt vorfreue, auf das, was die Wasseroberfläche mir zurückwirft, bin ich doch, von außen betrachtet, wie Narzissus, dieser talentierte Schönling, dieser Meister der Zurückweisung, dieser »Du nicht, du nicht und du schon gar nicht«-Sager, bis einem Du die Sache bis zum Himmel stinkt und er den eitlen jungen Mann verflucht:
So möge Narzissus eines Tages sich selbst lieben, und diese Kreatur, die er liebt, niemals für sich gewinnen. (Ovid, frei ins Englische übersetzt von wem, sehr frei übersetzt von mir.)
Und stimmt:
Wie Narzissus bin ich auf der Suche nach etwas Unerreichbarem.
Wie Narzissus mangelt es mir an Selbst- und Welterkenntnis.
Wie Narzissus entdecke ich meine große Liebe in Zeiten des Dursts, wächst in mir, tief in mir mein Hunger nach einer körperlosen Hoffnung, suche ich Verfestigung und nach Substanz in dem, was nur ein Schatten ist.

Was ist der Sinn des Lebens?
Wie buchstabiert man Glück und wie konserviert man es?

2
Ich also am Knien:
Meine Ellbögen kartografieren den Großstadtboden,
meine vorwitzige Nase berührt beinahe das Wasser, das stillhält und

mir den Gegenpart geduldig gegen meine Iris wirft, ich weiß schon:
mein Spiegelbild,
aber auch mehr als das, hoffe ich, sonst hocke ich hier mit einem fast verblichenen Kaugummipapier im Mundwinkel und einem Zigarettenstummel im Nasenloch. Vor meinen Augen spiegelt sich ein trauriger Clown in diesem hundepisseverdünnten Regenwasser, das sich vor mir ausdehnt, als wäre es ein Ozean, komplett mit Tangwald und Regenbogenfischen, U-Booten und Bohrinseln. Und es wäre kein Clown, wenn er mich nicht zum Lachen brächte, und es wäre nicht ich, wenn ich beim Lachen stillhalten könnte, und meine vorwitzige Nase reckt sich nach vorn, streckt sich wie die Nase von Pinocchio oder der Zeigefinger von E.T., und stimmt schon, ich will ja »nach Hause« und »telefonieren«, und hoffentlich hebt jemand ab.

3
Aber ich will es doch wissen:
➺ Wenn das Glück zur Neige geht, wie sorgt man für Nachschub?
➺ An welchen Tagen muss ich nicht vorsichtig sein im Umgang mit dem Chef?
➺ Was wird sein, wenn 42 die Antwort auf die Frage nach meinem Alter ist?

4
Ich also am Knien:
vorgebeugt,
auf Ellbögen gelehnt,
die Haut liest Schattenrisse aus Beton,
Hals durchgestreckt, Kopf geneigt, Nase wie immer ein wenig zu weit vorn.
Auf Tuchfühlung mit einer Großstadtregenpfütze, die mir Auskunft erteilt über Zukünftiges, Sinnvolles, Schattenhaftes und über die Beliebtheitsgrade von Kaugummi- und Zigarettenmarken.
Aus den Augenwinkeln kann ich es sehen:
Substanz, die nur ein Schatten ist.
Ein Durst, ein sich nach alles umarmenden Antworten verzerrthabendes Etwas.

Ein Stammeln, eine Bereitschaft, zum Angesprochen werden, ein Antworten müssen, bei wenig Auswahl in der Wortwahl.
Hier also hat es sich versteckt, das Echo, müde geworden von Gletscherschmelze und Wintertourismus hat es die Berge verlassen.
Ein klassischer Fall von Landflucht und mir nicht unbekannt.
Orakelbereit hockt es körper- und knochenlos am Grund einer Großstadtpfütze, ganz Ohr und ganz Stimme. Bereit zum Antworten.
»Ist hier jemand?«
»Jemand.«
»Wie bin ich mit 42?«
»42.«
»Was ist der Sinn vom Leben?«
»Leben.«
»Wie geht es weiter?«
»Weiter.«

5
Was das Echo geantwortet, wenn es gekonnt hätte:
»Du.«
»Dein Hunger, dein Durst, deine Suche, die ehren dich.«
»Aber ehrlich, wenn, was du suchst, außerhalb liegt, verzerrt dich die Suche nach Antwort, Gewissheit, Begehren, Bestätigung, mehr von dem ewig zu Wenigen. Merk dir: Das Brennen danach schabt dir das Fleisch von den Knochen und nimmt dir den Atem, das Brennen nach Mehr malt dir die Zukunft in knallbunten Farben auf Kosten der kostbaren Gegenwart!«

»Lass mich dir Warnung sein:
Schatten!
Stimmen!
Echos!
Geister, wie mich gibt es genug.«

Aber danach hab ich nicht gefragt.

```
Punktewertung Damen
Ranking       1   2   3   4   5
              6   7   8   9   10
```

Ich bin er-sie-es, nein, ich bin wirr – aber es geht uns gut damit

Aus der Serie: Innere Zwiespaltsdialoge

Das Hirn ist ein Denkraum, der Kopf ein Denkhaus.
Bloß mein Hausdach leckt, ich glaub, ich lauf aus.
Hinterkopf müsste gekorkt werden: Gedankenverlustgefahr!
Korken sind rar.
Soso.
Ja, wird ja alles geschraubt, mittlerweile.
Soso. Auch die Sprache?
Ja, vor allem die Sprache.
Wer schraubt die Sprache?
Die Flaschen dieser Welt.
Das sind viele.
In der Tat.
Wie klingt das, geschraubt?
Na ja, so ... so ... unnatürlich halt, so gestelzt, gekünstelt. So nach Monarchie und Ihre Majestät. So wie eigentlich kein Mensch spricht, aber verstaubte Feuilletonisten schreiben. So Wendungen á la: Erinnere dich meiner zum Beispiel, oder Eingedenk der Tatsachen.
»Eingedenk der Tatsachen« – ich bitte dich!
Ja, eh. Oder: »Den Umständen geschuldet.«
Himmel!
Ganz meine Meinung. Eingedenk der den Umständen geschuldeten Tatsachen, erinnere ich mich gerne meiner mich ausmachenden Lässigkeit im Umgang mit Gestelztheiten, die sich verlässlich insofern manifestiert, als dass ich derartige Schnöselfloskel-Moden schlicht als absoluten Quatsch apostrophiere.

Das ist eine Ansage. Gelten mildernde Umstände für nonchalante Kopfauslüftung?
Das ja.
Gut. Ich muss da jetzt aber per Sie mit dir sein. Darf ich?
Nur zu.
Okay. Kopfauslüftung, die Erste ... und Klappe:
Kommen Sie – Kaufen Sie – Schauen Sie – Schnaufen Sie aus. Schluss mit Hohn-, Fron- und Lohnarbeit. Zeit für Ihr individuelles Schlaraffenland. Sie lieben Lesen? Sie sprechen Bände? Sie können mit Worten? Warten Sie nicht länger – Langen Sie zu. Legen Sie eine Pause ein. Schalten Sie die Alltagswelt aus. Bringen Sie den Wortmüll raus. Schotten Sie sich ab von der Mediensprech-Unkultur und worten Sie selbst drauf los. Reimen Sie, dichten Sie, buchen Sie ein Schnupper-Sprach-Wochenende, das nie aufhören muss. Ziehen Sie ein ins Wortwolkenkuckucksheim. Fluten Sie die Wortstaumauer, lassen Sie den Sprachstrom zu, machen Sie Wortwolpertinger.
Was ein Wolpertinger ist, wollen Sie wissen?
Das sind so barock-fantastische Tiermixdinger, so Hornhauthasen mit Rüsselnasen und Rehfroschhirschkuhaugen. In Niederösterreich nennt man die Wolpertinger übrigens – nein, nicht Erwin, sondern Raurackl. Ja, rauracklrn, ferkln und pröllen Sie rum.
Unterwandern Sie Einschüchterungsüberwucherungen.
Gewähren Sie sich Unbedenklichkeitsfreiraum.
Lassen Sie sich nicht aussatzen.
Zeigen Sie Einsatz, Zweisatz, Mehrsatz.
Wortwuchten Sie sich hoch, Höcker, Dromedar.
Seien Sie kein Fadarschfrosch, seinen Sie eine Wortwumme, ein Textfex und eine Klischeeklatsche. Machen Sie Tratsch, Klatsch und Klischee zu Quatsch, Matsch und »weiß man eh«. Seien Sie sich dessen gewahr, dass ...
Halt, Stopp, Time out. »Seien Sie sich dessen gewahr« ist auch so eine abgeschmackte Sprachstelzerei.
Stimmt, da hast du recht. Ich sag's anders: Wisse, dass das Kennzeichen des Klischees seine dümmlich tröstende Wirkung ist. Und dumm führt mich direkt zum Thema Wahlwerbung.
Du uferst aus.

Das passt zum Text, zum Thema. Denn Wahlwerbung von und für Idioten ist meist so aufgebaut: Blablabla statt Blablabla, also billige Populismusphrase statt scharf hetzerischem Vorurteil. Es ginge doch auch anders. Zum Beispiel so:
Gleichbehandlung von Homos und Heten statt Rosenkranzbeten, oder Consciousrappen statt Paintballdeppen, oder
sich selbst betütern, statt Politiker anfüttern.
Laut Transparency International versickern in Österreich pro Jahr 26 Milliarden Euro an Schmiergeldern. Das ist in etwa das, was das jüngste Sparpaket gekostet hat. Und in Sachen Parteienfinanzierung pro Kopf ist Österreich ohnehin Weltmeister.
Was, Österreich ist Weltmeister?
Ja, in Sachen ...
Egal. Weltmeister! Phänomenal. Bravo, Juhui, Jubel!
Eben. Sprache kann ein hochgetunter Jubelturbolader, aber leider auch ein bös-perfider Verunglimpfomat sein. Es kommt ganz auf den Sprachgebrauch an. Und was haben Sie so für einen Sprachverbrauch? Ich, na ja, schon so 350 Wörter pro Stunde. Im Stadtverkehr, im Schnitt, untertags. Bei Kaffee und Tschick natürlich mehr. Auch im Zug mit Freunden oder Fremden, oder generell mit Bier, da schnellt der Sprachverbrauch natürlich nach oben. Viel heiße Luft, ja, man kocht halt auch nur mit Wasser, nicht? Wordpower ist Oxygenpower, sag ich immer, und Dampf ablassen tut gut.
Gut. Muss dein Hinterkopf jetzt immer noch gekorkt werden?
Nein, jetzt besteht keine Auslaufgefahr mehr. Jetzt kann ich mich getrost wieder anfüllen bis zum Anschlag.
Abschlagszahlungen ist übrigens auch so ein Geht-gar-nicht-Wort. Umschlag, Verschlag – Schlagabtausch war das allerdings ein guter. Ich schlage vor, wir schließen die verbale Klammer an dieser Stelle, schlagen eine finale Brücke zum Abgang, und sagen:
Kommen Sie – Lauschen Sie – Schauen Sie – Plauschen Sie
Werten Sie – Winken Sie – Klatschen Sie – Trinken Sie
aus.

Punktewertung Herren					
Ranking	1	2	3	4	5
	6	7	8	9	10

Wege aus der Krise

Krise ist Fakt. Das real existierende Wirtschaftswachstum hat sich in seiner Stabilität dem real existierenden Kommunismus angenähert. Beide seien gut fürs Volk, wurde immer behauptet. Dann kam die Sintflut. England hat keine Lust. Lettland hat kein Bargeld. Finnland hat wie immer die Nase vorn. Italien hat einen Berlusconi weniger. Soll einer sagen, Schlechtes hätte kein Gutes. Soll einer sagen, Schönheit läge nicht in den Augen der Betrachtenden. Die Welt schaut auf Europa. Sagen zumindest die europäischen Medien. Aber Medien drucken viel, wenn der Tag lang ist.
Ein Beispiel: Die *Kronen Zeitung* bejubelt in ihrer Printausgabe vom 22. November 2011 ein George-Michael-Konzert in der Stadthalle, das nie stattgefunden hat. Mit Fotos! »Superstar George Michael begeisterte am Montagabend in der Wiener Stadthalle mit ganz besonderen Liedern«. Freilich waren die was ganz Besonderes. Es ist ja auch was ganz Besonderes, wenn »Last Christmas« endlich mal *nicht* gesungen wird.
Aber ich schweife ab. Es geht heute darum, die Krise als Chance zu sehen. Mein Geld wird minütlich weniger wert, was nicht so schlimm ist, weil es eh nicht viel ist. Die Inflation macht einen auf Pacman. Und wenn schon mein Geld nicht für mich arbeitet, dann muss *ich* es wohl tun. Aber Arbeit gibt es nur noch in Nischen.

»Stell dich nicht so an, stell dich da hin und steh zur Verfügung«, sagt die Welt, die grad zufällig und für ein paar Sekunden wieder Richtung Europa blinzelt und, noch größerer Zufall, unter den über 700 Millionen Menschen, die hier leben – nicht registrierte ZuwandererInnen nicht gezählt –, ausgerechnet mich als Adressat für diesen Sinnspruch auswählt. Ich mein, sie hätte ja auch auf Nadja Bucher blicken können. Die ist doch auch so eine künstlerische

Nutznießerin. Erst schicken wir sie auf die Uni, und dann wird sie Autorin. Ja, sonst noch was. Hab ich doch immer gesagt, dass es ein Fehler ist, wenn Frauen was lernen dürfen. Aber ich schweife schon wieder ab.
Die *Kronen Zeitung* will Europa um nichts nachstehen und hat auch was zu sagen. *Krone*-Horoskop, Sternzeichen Mieze, Sparte Beruf: »Sie sind etwas im Rückstand. Jetzt einen Zahn zulegen und im alten Jahr noch alles Wichtige erledigen.«
Woher weiß dieses subventionierte Kloblatt eigentlich, dass ich meine Lesebühnentexte immer in letzter Minute schreibe? Und überhaupt, was geht die *Krone* das an? Immerhin schreib ich mir meine Fanpost und die Leserbriefe noch nicht selbst.
Aber egal. Ich lass mich überzeugen. Ich beschließe, Nägel mit Köpfen und aus der Not eine Untugend zu machen. Es muss ja etwas geben, etwas Krisensicheres, etwas, das die Welt auch dann braucht, wenn sie am Untergehen ist. Folgende berufliche Eventualitäten bin ich bereit auf den globalisierten Arbeitsmarkt zu werfen:

➦ *Chefin vom Dienst bei politischen facebook-Auftritten*
QUALIFIKATION: Ich bin bei facebook. Täglich.
NETZWERKFAKTOR: Ich erkenne facebook-Faymann, wenn er auf der Straße an mir vorbeigeht. Wahrscheinlich.
BONUS FÜR DIE WELT: Kein sofort erkennbarer, aber das ist auch nicht der Sinn von facebook.

➦ *Leiterin einer Zurück-zur-Natur-Initiative im urbanen Raum*
QUALIFIKATION: Ich kann zwischen Petersilie und Karotten unterscheiden, wenn ich sie an der Wurzel packe.
STANDORTFAKTOR: Ich wohne in der Stadt, ich habe einen Hinterhof, ich habe keine Angst davor, mich dreckig zu machen, ich meine das aber an und für sich eher metaphorisch. Egal, bis zum Frühjahr ist noch lange hin, bis dahin heißt es wieder: Shoppen statt schuften.
BONUS FÜR DIE WELT: Subsistenzlandwirtschaft ist auch in der Stadt möglich. Zumindest teilweise. Bis zu 12 % des Eigenbedarfs könnten über Fensterbankerl, Hinterhöfe und durch Pflanzungen im öffentlichen Raum gedeckt werden. Champignons bitte im Keller. Na bitte.

➽ *Bestseller-Autorin*
QUALIFIKATION: Ich kann schneller tippen als denken.
BUSINESSPLAN:
1. Kapitel: ein unscheinbares, aber unter der Oberfläche wunderschönes Mädchen findet ein Einhorn in einem sehr sehr dunklen Wald, den zu betreten ihm immer verboten wurde.
2. Kapitel: Das Einhorn zerfällt nach seinem Erstkontakt mit Licht zu Staub, es war nämlich ein Vampir.
3. Kapitel: Die Einhornfamilie will das Einhörnchen rächen und sucht nach Mitteln und Wegen, um auf dem Planeten für ewige Nacht zu sorgen, damit sie, rachesuchend und -findend, ohne zu Staub zu zerfallen, den Wald verlassen kann.
4. Kapitel: Eines der Einhörner, wahrscheinlich mit dem ersten Einhorn irgendwie verwandt, macht sich auf eine entbehrungsreiche und gefährliche Suche nach eben besagten Mitteln und Wegen.
5. Kapitel: Das tapfere Einhornlein trifft auf die böse Räuberzaubererin Frau Hotzenplötzlich, die zwar nicht für ewige Nacht sorgen kann, aber einen Zaubertrank bereitstellt, der die Einhörner lichtunempfindlich machen soll.
6. Kapitel: Der Zaubertrank enthält ein Virus, das die infizierten Einhorntiere in blutrünstige Untote verwandelt.
7. Kapitel: Das Virus wird aerogen übertragen. Nein, das ist nichts Erotisches, sondern bedeutet: Die Erreger können durch die Luft fliegen.
8. Kapitel: Einige Einhörner richten ein Blutbad an.
9. Kapitel: siehe 8. Kapitel.
10. Kapitel: Ein unscheinbares, aber unter der Oberfläche ohne sein Wissen mit dem König des Landes verwandtes – wie genau, wäre hier zu peinlich, um beschrieben zu werden – Mädchen findet ein Gegenmittel!
11. Kapitel: Das Gegenmittel wird in Flaschen abgefüllt und teuer verkauft.
12. Kapitel: Das unscheinbare, aber unter der Oberfläche sehr gut kostennutzenrechnenkönnende Mädchen wird vom König anerkannt. Wer so viel Goldbarren in einer Schweizer Bank horten kann, muss ja schließlich blutsverwandt sein. Oder blutrünstig.

13. Kapitel: Occupy Fantasyland macht einen Flashmob vor den Toren und Mauern und Wassergräben der Stadt.
14. Kapitel: Occupy Fantasyland wird mit Wasserwerfern vertrieben.
15. Kapitel: Rückblick auf das Einhorngemetzel. Das Gegenmittel wird aus Kostenspargründen nur an Menschen mit Goldbarren verteilt. Im Wald steht das Blut knietief. Sogar die Bäume sind infiziert und blutrünstig, aber auch von ihren Wurzeln gefangen. Sie fressen Fliegen, die vorbeifliegen. Lernfähige Fliegen fliegen neue Routen an. Nicht lernfähige Fliegen haben die Schuld nur bei sich selbst zu suchen.
16. Kapitel: Die Kämpfe zwischen den Einhörnern nehmen kein Ende. Schließlich sind sie untote Zombies und untote Vampire, damit also unzerstörbar. Die Menschen haben am Waldrand Tribünen aufgestellt. Die Einhörner machen ziemlich viel Geld mit Schaukämpfen, zerfleischen sich aber jedes Mal wegen der Aufteilung.
17. Kapitel: Irgendwie muss noch Sex oder Liebe in den Plot kommen, jetzt scheint mir dafür ein guter Zeitpunkt zu sein.
18. Kapitel: Das Buch endet abrupt. Der Rest der Handlung wird in Band 2 erzählt.
BONUS FÜR DIE WELT: Was soll die Frage? Was hat denn diese Welt schon groß für mich getan, mal abgesehen von einer glücklichen Kindheit, einer finanzierbaren Ausbildung, einem akzeptablen Gesundheitssystem, Kriege bisher nur in Nachbarländern, und sonst noch ein paar Kleinigkeiten.

➺ Einen hab ich noch: *Standbybeauftragte der Stadt Wien.*
QUALIFIKATION: Wenn irgendwo ein Licht blinkt, muss ich draufdrücken. Da bin ich ganz Pawlow.
VORAUSSICHTLICHER ARBEITSALLTAG: Durch die Straßen von Wien ziehen und bei jeder Tür läuten. Höflich Standby-Beratung anbieten. Untertiteltafeln in den führenden Fremdsprachen mitbringen: Türkisch, Armenisch, bundesdeutsche Dialekte. Schautafeln mit nur Bildern für das Bevölkerungssegment »Sogar zu blöd zum Strachewählen«. Bei russischstämmigen WahlwienerInnen den Teil des Vortrags über mögliche *Kostenersparnisse beim Wechsel zu Ökostrom und warum uns das unabhängig von russischen Stromlieferungen macht*, potenziell weglassen.

BONUS FÜR DIE WELT: Standby kostet Strom. Strom gehört gespart ... Moment! Eine Sekunde. Es hat grad an der Tür geklingelt. Ich ziehe mir schnell einen BH an, wechsle die fleckigen Trainingshosen, die zuhause zu tragen ich mir aus Ersparnisgründen angewöhnt hab, trage ein leichtes Make-up auf, telefoniere mit meinen Eltern, arbeite konzentriert an meinem Bestsellerkonzept, drücke auf *Speichern*, gehe zur Tür, gehe nochmal ins Schlafzimmer, fast hätt ich das T-Shirt vergessen, fast hätte ich nur im BH ... aber immerhin versteckt hinter einem leichten Tagesmake-up und in sauberen Jeans die Tür geöffnet, gehe zurück zur Tür, öffne und ...

... da steht Markus Köhle und sagt: »Hätten Sie Interesse an einer Standby-Beratung?«

Mist. Schon wieder hat in diesem Rattenrennen, in diesem survival of the fittest, wobei fit oft männlich und muskulös heißt, ein anderer die Nase vorn.

Punktewertung Damen					
Ranking	1	2	3	4	5
	6	7	8	9	10
Fit im Schritt, Prost, ihr Säcke: 0					

Verlegen

Aus der Serie: Lebensweg- und Alltagsfragen eines noch immer nicht Erwachsenen. Frage 7: Wie verhält man sich eigentlich korrekt am Morgen nach einem One Night Stand?

100 % ORIGINAL MARKUS KÖHLE

Der Tatbestand ist bekannt. Man wacht auf, sie schläft noch. Oder im lyrischen Duktus:
Ich hab mich gestern selbst verlegt,
ich wach auf und bin bei dir:
Soso. Blickblick. Was nun?
Socken, Hosen an, und auf, und nichts wie weg?
Oder doch das Bad hinsichtlich anderer Männerspuren inspizieren,
dein Zahncremetubenhandling checken,
auf einen Guten-Morgen-Espresso spekulieren,
die Nase in den Wäschekorb stecken?
Vielleicht sogar duschen? Duschen und dabei singen? Duschen und dabei singend onanieren?

Gehen würde bedeuten, auf jeden Fall ein Arschloch zu sein, und zu *bleiben*.
Bleiben würde bedeuten, auf jeden Fall reden zu müssen.
Stellt sich die Frage, was wir gestern zu reden hatten?
Haben wir überhaupt geredet? Oder haben wir nur getrunken und sind ab dem Zeitpunkt, ab dem das Trinken schwerfiel, so einiges danebenging, uns aus den Mundwinkeln lief, dazu übergegangen, uns gegenseitig das Trenzgut abzuschlecken?
Was dann früher oder später dazu geführt hat, dass sich unsere Zungen zufällig getroffen und sofort gut verstanden haben. War dem so, dann könnte mein Part der Hirn-Rom-Kom – also der imaginierten Romantik-Komödie – in etwa so verlaufen sein: *Regieanweisung: Close up und Spot auf sie – nein, näher, auf ihre Zunge (Hintergrund-*

musik: Irgendwas mit Zunge von den Rolling Stones. Er – also ich – fantasiert völlig beliebesrauscht).

Deine Zunge ist das Ruder deines Mundraumschiffs.
Deine Zunge ist der Kick eines Gras-Dope-Spliffs.
Deine Zunge ist die Gischt, die gegen deine Zahnklippen drischt.
Deine Zunge ist der Mast deines Gaumensegels.
Deine Zunge ist das Gegenteil eines Blutegels.
Deine Zunge ist ein zielgerichteter Steuerknüppel.
Deine Zunge macht vieler Mütter Söhne zum Lustkrüppel.
Deine Zunge ist volle Kraft voraus, und bereit zum Entern.
Jaaah, deine Zunge ist wahrlich nicht von schlechten Eltern.
Oooh, deine Zunge kann was, deine Zunge kann zaubern, deine Zunge kann nicht lügen.
Deine Lügen sind süß, sündig und sinnig.
Deine Lügen sind geil, geistreich und Geniestreich.
Deine Lügen haben epilierte Beine *(Hintergrundmusik: »Your legs grow« von Nada Surf).*

Oooh, deine Beine haben Klasse, deine Beine haben Standing, deine Beine hören nie auf, deine Beine hören nie auf, mich zu betören.
Deine Beine hören nicht, das machen deine Ohren.
Deine Ohren sind Schnörkel, deine Ohren sind ohne Makel, deine Ohren sind porzellanene Henkel, deine Ohren sind mir so lieb wie deine Schenkel.
Deine Schenkel greifen sich gut, deine Schenkel schüren die Glut, deine Schenkel führen zur ... Vagina.
Deine Vagina heißt Gina, sagst du *(Hintergrundmusik: »Gina oh Gina« von Rare Teener).*

Oooh, deine Gina sitzt gut, deine Gina hält dicht, deine Gina hat alles fest in der Hand.
Deine Hand hat's drauf, deine Hand reichst du allen, deine Hand hat Faustschlagqualität, deine Hand haut auf den Tisch, deine Hand hat noch keinen Ring am Finger.
Dein Finger zeigt auf, das ist gut.

Dein Finger zeigt auf mich, das ist schön.
Dein Finger zeigefingert mahnend, das ist gefährlich.
Dein Finger lockt mich zu dir heran, das ist aufregend.
Dein Finger stupst meine Nase, das ist ...
Dein Finger verschließt meine Lippen, deine Lippen umschließen meine, deine Lippen küssen mich *(Hintergrundmusik: »Lucky lips« von Cliff Richard; kollektives »Oooh!« einfordern).*

Deine Lippen küssen mich noch immer, deine Lippen küssen phänomenal, deine Lippen holen Verstärkung, deine Lippen übergeben vorübergehend an die Zunge.
Deine Zunge ist ein Buschmesser im Schamdschungel.
Deine Zunge ist so pushend wie ein Muntermacher-Tee von Willi Dungl.
Deine Zunge ist die Axt deiner Überzeugungskraft.
Deine Zunge hat die Prüfung zur Liebesdienstleistungsherrin sicher mit links geschafft.
Deine Zunge hackepeilt mich an.
An deiner Zunge hängt – und das ist das Schöne – ja auch noch ein tolles Stück Frau dran.
Deine Zunge kann was, deine Zunge kann zaubern, deine Zunge kann ...

A-a-achtung! Schnitt und Schwenk in die Gegenwart.
Du wachst auf. Du siehst mich. Du züngelst.
Oooh, deine Zunge ist so spitze, deine Zunge ist nicht gespalten, deine Zunge kann nicht lügen.
Selbst deine Lügen können keinen Zügen etwas zuleide tun.
Deine Lügen entgleisen und stürzen sich nicht auf andere.
Deine Lügen haben Vorrang für dich und deinesgleichen.
Deine Lügen gleichen eher Wünschen.
Deine Lügen sind Visionen, die lohnen.
Deine Lügen lieben die Wahrheit.
Stimmt's? Hm? Was?

Du sagst, deine Wahrheit sei ein Anderer? Deine Wahrheit heiße Ernst, Ernst Unterklampfhofer.

Das ist nicht dein Ernst, du schummelst, nimmst mich auf den Arm, dein Arm ist zart und herzlich.
Nein, dein Herz ist hart, dein Arm ist richtungsweisend.
Du zeigst zur Tür und dann auf mich: »Das nennt man One-Night-Stand, verstanden?«, fragst du.
Soso. Blickblick. Was nun?
»Husch-husch«, sagst du und »Ernst kommt gleich.«
Danke für dein Kommen und deinen One-Night-Ständer, sagst du nicht.
Du sagst: »Er kann gehen!«
Er wär dann wohl *ich*. Er ist nicht Ernst. Er war nur Spaß.
Oooh, deine Stimme kann echt was, deine Stimme richtet meine Nackenhaare auf, deine Stimme macht meine Augen tränen, deine Stimme macht mir Beine.
Meine Beine taumeln, mein Sack baumelt, meine Zunge pickt am Gaumen, meine Gedanken trudeln, meine Erinnerung verebbt, reißt ab, flockt aus *(Hintergrundmusik: »Hurt« von Johnny Cash)*, dann Filmriss.

      Ich hab mich gestern selbst verlegt.
      Es wird wohl kein Erfolg.
      Ich bin ein schlechtes Buch.
      Ich werd ein Ladenhüter.
      Ich war ein G'schichterl.

Wie verhält man sich also korrekt am Morgen nach einem One-Night-Stand?
Man beiße die Zähne zusammen, schlucke die Tränen runter und sage so selbstsicher wie möglich irgendwas wie »Deine Gina pfeift«, »Deine Gina geht voll ab, ey«, oder so. Aber vor allem ziehe man für sich selbst die Konsequenz, dass One-Night-Stands für liebesbedürftige Kuschelbären mit Hang zu Depressionskompensationsbesäufnissen nur bedingt und sehr kurzzeitig glücksverheißend sind.
Sodann gehe man nach Hause, Liebesfilme schauen *(Hintergrundfilmmusik von »Harry & Sally«)* und Abgang.

Punktewertung Herren					
Ranking	1	2	3	4	5
	6	7	8	9	10

Sport ist ...

Was mich betrifft, ist Sport in einer Trotzphase.
Ich geh bergauf, er macht sich steiler.
Ich leg mich in die Kurve, er legt sich quer.
Ich halt die Hände hoch und halte still, der Ball bleibt aus.

Was mich betrifft, ist Sport ein bisschen mafiös organisiert.
Ich will ins Fitnesscenter, er fragt nach Schutzgeld.
Ich geh k.o., er geht ins Wettbüro kassieren.
Ich renne, was ich kann, hab Schaum vorm Mund, er kommt mir blöd und sagt: »Du sabberst mich an, du sabberst mich an?«

Was mich betrifft, ist Sport ein schlechter Sponsor.
Ich trag das Dress, die Marke zahlt mich nicht.
Ich ruf bei Reebok freundlich in den Wald hinein, und Reebok ruft nicht mal zurück.
Ich spiel mich auf und stell mich vor die Sauna-Gang im Schwimmbad, ich sag: »Hallo, ich heiße Doris, und ich bin seit 72 Tagen trocken.«
Keiner klatscht.

Was mich betrifft, führt Sport wohl eine Scheinehe.
Von *Punkt! Satz! Sieg!* kenn ich den Punkt, den Satz, den Unsinn und auch das nur auf Papier.
Ich lese noch das Kleingedruckte seines Regelwerks, er hat die Nachspielzeit für out erklärt und hat beim Linienrichter rote Scheidungskarten hinterlegt.

Was mich betrifft, ist Sport ein guter Freund.
Doch halt ich's halt mit dem, der sagt: »Keep your friends close and your enemies closer.«
Und: Feinde hab ich genug.

Punktewertung Damen					
Ranking	1	2	3	4	5
	6	7	8	9	10

Verkatert

Aus der Serie: Lebensweg- und Alltagsfragen eines noch immer nicht Erwachsenen. Frage 3: Wie verhält man sich eigentlich am Morgen nach einem ziellosen Besäufnis korrekt gegenüber der Stimme des schlechten Gewissens?

100 % ORIGINAL MARKUS KÖHLE

Kater (gestiefelt) sucht Katze (bestrapst).
Krater (geriffelt) sucht Kratzer (beklappst).
Hirn sucht Schlüssel zum Sprachzentrum.
Katze kaputt. Kater krank. Mann und Maus k.o. – Rundumchaos!
Wie kaputt? Ach, alle reden immer über seine Katze, dabei beschäftigte Schrödingers Kotze ihn ja viel mehr. Schrödingers Kotze lebt! Meine auch. Lebt und liegt im Bad. Werd mich später um sie kümmern. Vorerst krümme ich mich und wimmere ins Kopfkissen: Warum musste ich denn wieder sooo viel … Warum bin ich nicht viiiel früher … und was klopft denn da so höllisch? Ruhe im Kopf, verflucht! Kann vielleicht endlich wer den Klöppel meiner Schädelglocke anhalten bitte/danke, ja?!
Hi-i-i-lfe. Ru-u-uhe! Aua! Wasser. Durst. Kopfweh.

Schlechtes Gewissen: *Jaja, wehe, wehe, wenn er losgelassen.*
Ich: Maul halten!
Schlechtes Gewissen: *Immer, wenn du überschnappst, war Schnaps im Spiel. Immer, wenn dir übel ist, hast du gekübelt. Du bist ein Schnapsübel und ein Überschwappkübel ohne Schwappschutzdeckel, bist ohne Maß, Ziel und Verstand.*
Ich: Und du bist ein pain in the ass. Du hast mir gerade noch gefehlt. Ich bin halt gern ein Unhold und ab und zu Volltrunkenbold. Ich büße ja eh, bin voller Ingrimm und nehm mir das Recht heraus, frei herauszutröten: Föten aller Bäuche, vereinigt euch! Kröten aller Schläuche, peinigt euch! Kommet zu mir. Da, wo ich bin, ist unten! Da, wo ich bin, tut's weh. Und jetzt nichts wie ab ins Kaninchenloch samt Psychopompos, denn dort fließen Milch, Honig und Katerbalsam.

Ru-u-uhe! Aua! Hi-i-i-lfe. Kopfweh. Wasser. Durst.
Ich bin ein Häufchen Elend, aber geil für drei. Wie das immer geht?
Hirntot, aber spitz wie Kaiser Wilhelms Pickelhelm. Wie, und mit was
der Baum im Schritt aufgestellt wurde, soll mir mal wer erklären? Und
vor allem: Wo soll der jetzt hin? He, schlechtes Gewissen, kannst du
vielleicht schnell mal Hand anlegen? Du-u-urst! Brand- und Feuerlöscher, wo bist du? Bieg mich wieder
hin, Wundbenzin. Aaah ja, da ist gut. Guuut, küüühl ... n-n-n-nein,
nass. Was ist das? Wasser! Wo kommt denn das bloß her, jetzt? Wer
hat denn...? Was ist denn... ? Nein, so eine Sauerei aber auch. Also
wirklich. Dabei hab ich doch erst letzte Woche ein frisches Leintuch ...

Schlechtes Gewissen: »*während ihrer verse tosen still durchwässert
ihre hosen*« jandlte Ernst einst. *Harn ist wie Tang. Tang riecht nur,
wenn er der Luft ausgesetzt ist. Riecht man Tang, ist das Meer nah
und gerade Ebbe. Riecht man Harn, ist das Klo fern und die Hose voll,
und über das Überziehen von Betten ließe sich auch mal trefflich was
schreiben, werter Schreiberling, Speiberling, Pisser.*
Ich: Ach, Schreiben, Sprache, Literatur! Literatur hat ja nichts mit der
Wahrheit zu tun, mit Wahrhaftigkeit vielleicht, mehr nicht. Das
Tatsächliche erscheint doch nur im Erfundenen. Literatur ist doch auch
nur eine Möglichkeit der Sprache, keine Notwendigkeit. Und ja, klar,
es geht darum, Zeittöne, Stimmungen, heikle Punkte zu treffen, und
den Sinn ohne groß darüber zu reden en passant mitzunehmen, oder
ihn einfach zu unterlaufen.

Schlechtes Gewissen: *Im Bett auszulaufen, ist allerdings auch keine
Lösung. Übrigens: Drei Prozent der Europäer haben weißes Ohren-
schmalz und transpirieren geruchsneutral.*
Ich: Ich nicht. Ergo riecht es nicht nur nach Harn. Aber – Ablenkungs-
manöver – warum sind Baukräne eigentlich immer gelb? Hätten es
rote und blaue Kräne schwerer? Kann man/frau blau pullern? Fein ver-
ästelte Gedankentrabanten kratzt da der Kater wieder mal zutage. Es
geht wie immer um den Zeugzusammenhang, und jede Form der
Ordnung (auch der literarischen) ist ein Willkürakt. Jaja. Unter mir:
erledigte Rivalen; vor mir: Suffbarrikaden; über mir: Zementhimmel;

ist nicht wahr. Unter mir: ein Biersee; vor mir: ein Scheißtag; über mir: der Knockout-Hammer schlechtes Gewissen.
Lieber täglich aus- und untergehen, als allein daheim versumpfen, sag ich immer, wenn ich ein schlechtes Gewissen habe.

Schlechtes Gewissen: *Dein Kopf möge den ganzen Tag lang haltlos taumeln und pochen, Qual soll dir aus den Ohren tropfen, Pein aus deinen Augen schreien und dein Nacken möge verspannt rumstracken. Ziemlich tot sollst du sein mein Freund und Zwetschkenschnapströster.*
Ich: Schnauze! Aua! Hi-ilfe! Durst. Wasser. Kopfweh. Lass mich bitte, bitte, ruhen in Frieden. Ich gelobe Besserung und schreibe zur Buße auch ein Gedicht – denn ja, Jandl: Die Rache der Sprache ist das Gedicht.

Schlechtes Gewissen: *Vorschlag angenommen. Eine Ode mit drei mal vier Zeilen, bitte, und dir sei wieder einmal verziehen. Deal?*
Ich: Danke Dealer und bittesehr:

KATER-ODE AN DIE LIEBLINGSDROGE

Oh, wie wohl ist mir im Rausche.
Wie glücklich fühl ich mich im Schwanken.
Oh, wie ich dann in mich lausche.
Wie sie dann rattern, fließen, die Gedanken.

Oh, gebt mir das Bier zu viel.
Lasst mich es mit Genuss nun schlürfen.
Na klar, ich kotze nicht, das ist der Deal.
Lasst mich mit ihm allein, das muss man dürfen.

Oh, wie mau ist mir tagsdrauf im Magen.
Wie leidlich, schwächlich, kränklich gar.
Na, was will mir bloß mein Kater sagen?
Ah, ja: Wie schön es gestern wieder war!

```
Punktewertung Herren
Ranking        1   2   3   4   5
               6   7   8   9   10
```

Ein Kribbeln
Oder: Ein paar Strophen über ein paar Dekaden Selbstversuche in Sachen: Wie geht denn das mit dem Kribbeln und dem Reinraus?

100 % ORIGINAL MIEZE MEDUSA

12
ein Kribbeln
Ungesagtes über Verbotenes
jetzt auch den Salat haben
Anais Nin und die Nützlichkeit
von Gurken, Masken
fallen lassen lernen

15
ein Kribbeln
Ungesagtes über ungetätigte
Anrufe, ja, nein, vielleicht,
mädchenhaft, die Mutzenbacher
A sagen wollen, um endlich mal
B sagen zu können

16
ein Kribbeln
passiere schneller, als du glaubst
Warnungen in den Wind
Jacke wie Hose
Fahrtwind, Helmpflicht
auf der Hut sein, Vorkehrungen,
Verhüterli in den Verfassungsrang erheben
fortfahren

16 ½
ein Kribbeln
in Form von Vergleichsdatenbankabgleichen
du, mit wem?
Echt? Mit dem? Wie? Wo?
Wie oft?
Wie fühlt sich?
Wie macht man?
Wie?

29
ein Kribbeln
aber immer das gleiche Kribbeln
in Gelb, in Grün, in Blau, und auch in anderen Modefarben
in Leopardenstringtangamusterform
in Übergrößen
in Übereinstimmung mit Erwartungshaltungen
in immer besserer Fallenlassform
angemacht, angerufen, angeturnt, angefixt, angefangen, angelangweilt, angewiesen, angemodert.
Aus.

31
ein Kribbeln
aller Anfang ist gleich
Gültigkeitsabfrage
Andrangsangst, Ablaufdatum, Vergleich
mit Flugzeugabsturzwahrscheinlichkeit, und dem sexuellen Leben von Singlefrauen über 30 in amerikanischen Großstädten
sich endlich auf Hintern schauen trauen, aber noch nicht hingreifen
immer noch: wohnen im Land der Lächerlichkeit

32
ein Kribbeln
die Wiederkehr der Gurken, Masken
applizieren lernen, Malkasten

reinen Rotwein einschenken, den guten, aber nicht den aus Südafrika
wegen den Transportwegweiten, weißt eh!
schöngefärbte Abende
trinkst-du-mich-schön-sauf-ich-dich-klug-Versprechen
vor dem Brechen müssen
brechen lernen
und trotzdem bleiben

36 ½
ein Kribbeln
Fußbadverheißung
Nackenmassage
die erwähnte Briefmarkensammlung jetzt aber endlich mal sehen
wollen
bloß kein Mitleid,
was ist das MidLife?
wenn kein Aufbäumen gegen die Schwerkraft der Traumwelt
ich will mit dir
im Stehen
im Sitzen
im Flugzeug
im Treibsand
im Freiflug
im Internet
im Badschrank
im Freischütz
und ja: Das war eine Metapher und zwar eine schlechte.

Punktewertung Damen					
Ranking	1	2	3	4	5
	6	7	8	9	10
Gleichgültig, ungültig oder schöngefärbt: 0					

Nichts ist stärker als Sätze

100 % ORIGINAL MARKUS KÖHLE

Die Niedertracht ist die Sonntagskleidung der Dorfkaiser. Ist ein provinzkritischer Satz.
Er ist Schilehrer und der Gemeindebohrer. Ist ein heftiger Satz, der viel über die Qualitäten des Ers aussagt.
Sie ließ ihn gewähren, er hieß sie gebären. Ist ein Satz, der fast schon ein Gedicht ist, das den Titel »Wunschkind« tragen könnte.
Harmonie ist eine Mogelpackung für die ganze Familie. Ist ein diskussionswürdiger, familienskeptischer Satz.
He, Kopfnickautomat. Bist doch kein Wackeldackel, schalt doch mal das Hirn ein, nicht immer nur den Nacken. Ist ein aggressiver Satz und man möchte wohl weder dem Sprecher noch dem Angesprochenen samstags um 12 beim Bäcker die letzte Semmel wegkaufen.
Meine Hirnrassel alarmt. Ist ein verstörender Satz, der aber das Gefahrgefühl ganz gut transportiert.
Saumseligkeit ist der Seestern im Meer der vergessenen Wörter. Ist ein romantisch-poetischer Satz.
Der Literaturbetrübsinn hat mich müde gemacht. Ist ein schrecklich wahrer Satz.
Zitrone, dich kann ich nicht gurken. Ist ein saurer, aber schöner Satz, und jeder schöne Satz ist ein Schatz.
Ja, billige Reime kann man sich auch mal leisten, und jedes neue Wort stimmt, ist richtig, wichtig und dicht ich – so schlüpfen die Worte wie Küken.
Zum Beispiel *Küchen* (mit gelängt zu sprechendem ü). Denn ein Kuchen kommt selten allein. *Kuchen* werden in Küchen gemacht. Macht man mehrere davon, so macht man *Küchen* in Küchen.
Küchen können nicht durch Nichts ersetzt werden, denn das Nichts lässt sich nicht ersetzen.

Das Nichts lässt sich, wenn schon, dann ersatzen, also in einen Satz verpacken, unterheben, bebuttern, glasieren – und aufbacken zu wohlfeilen Nichtsnapfküchen mit schwarzen Löchern in der Mitte, die alles, auch das Nichts ansaugen, auffressen, schlucken.
Das Nichts ist ein Guglhupf, nein, das Nichts sind alle Guglhupfe dieser Welt, die in diesem Augenblick gebacken, gegessen, verdaut werden. Das Nichts lässt sich also schwer festmachen. Das Nichts ist etwas permanent Gestaltwandelndes.
Die *Zufülle* des Nichts ist ein Strudel. Die Zufülle ist weit entfernt vom Zufall und hat auch nur am Rande mit Stopfmaterial zu tun. Die Zufülle des Nichts ist die Denke und die Denke das Wesende des Nichts.
Der Rest des Nichts ist die *Überbleibe*. Die Überbleibe ist ein Hyperraum in Schwebe. Die Überbleibe erschließt sich einem schwerlich, aber einmal erreicht, ist sie wahrlich ein Geborgenheitshort. Allein Geborgenheit ist bloß geborgte Gemütlichkeit. Kein Fest, kein Nest, nur fast. Die Überbleibe ist ein fixer, wenngleich auch im Nichtigkeitswert schwankender Koeffizient der philosophischen Schlüpfrigkeit des Nichts.
Gemessen wird das Nichts übrigens in Metaebenen. Die Metaebenen kreuzen sich vielleicht in der Unendlichkeit – nein, nicht des Alls, des Nichts natürlich. Natürlich kann man so nicht ernsthaft über Nichts sprechen. Aber man kann es immerhin versuchen. Auch muss man das alles nicht verstehen. Aber man kann es immerhin zur Kenntnis nehmen.
Ach, nichts ist stärker als Sätze, vor allem letzte, wie zum Beispiel dieser:
Dichtung ist das Bier so trinken, dass man es immer erst getrunken haben wird.

Punktewertung Herren					
Ranking	1	2	3	4	5
	6	7	8	9	10
Stark, stärker, am stärksten: 0					

Wiegenlied

Ein verbaler Dia-Vortrag in 44 Bildern. Augen zu, Mund zu, Ohren auf. Einschlafen erlaubt.

Das Plätschern des Wassers beim Fließen.
Das Pieksen des Bartes beim Sprießen.
Das Gurgeln der Rohre beim Schlucken.
Das Fernen des Glases beim Gucken.
Das Rascheln des Strauches beim Winden.
Das Freuen des Herzens beim Finden.
Das Leuchten der Augen beim Glücken.
Das Lächeln der Zähne mit Lücken.
Das Blubbern der Fische beim Reden.
Das Sirren der Luft beim Schweben.
Das Rauschen der Wellen beim Fluten.
Das Wedeln der Hunde mit Ruten.
Das Pumpen der Qualle beim Tauchen.
Das Fletschen der Zähne beim Fauchen.
Das Perlen der Muscheln beim Spreizen.
Das Knistern der Stimmung beim Reizen.
Das Zischen der Gischt beim Schäumen.
Das Grünen der Blätter auf Bäumen.
Das Glänzen der Torte beim Süßen.
Das Stinken der Zehen von Füßen.
Das Platzen der Würste beim Sieden.
Das Klingen der Wüste nach Frieden.
Das Brodeln der Soße beim Wärmen.
Das Schwirren der Wespen beim Schwärmen.
Das Pfannen der Eier beim Braten.
Das Stechen der Erde von Spaten.
Das Dampfen der Pasta beim Sieden.

Das Schwitzen der Leiber beim Lieben.
Das Brutzeln des Fleisches beim Grillen.
Das Beißen der Warze beim Stillen.
Das Tränen der Augen beim Zwiebeln.
Das Knarzen des Holzes von Giebeln.
Das Heulen des Tees beim Süßen.
Das Spucken des Feuers von Düsen.
Das Stöhnen des Inhalts beim Formen.
Das Jubeln beim Brechen von Normen.
Das Rühmen des Textes beim Schreiben.
Das Schnalzen der Peitsche beim Treiben.
Das Klirren der Glieder von Ketten.
Das Federn der Daunen beim Betten.
Das Nässen des Kissens beim Schlafen.
Das Zählen der Wachen von Schafen.
Das Helle der Sonne beim Blenden.
Das Schweigen der Texte beim Enden.

Punktewertung Herren					
Ranking	1	2	3	4	5
	6	7	8	9	10
Eingeschlafen oder abrupt entschlafen: 0					

Fortsetzung Kurzbio Mieze Medusa

* DTS Slam im Wiener *Lokativ* irgendwann im Winter: »Winter in Wien« und alles grau und schlimm, aber am Abend ab zum lokalen Slam ums Eck, und dafür am Nachmittag einen Text schreiben und vortragen und gewinnen, und jetzt einen Text haben, der verlässlich jeden Winter funktioniert, aber halt nur in Wien.
Slam-Repertoire insgesamt: 2-3 mal abendfüllend
Slam-Repertoire aktuell auswendig: circa 2 mehr als Markus (ob inklusive oder exklusive der MYLF-Teamtexte bleibt offen ;-))
Bücher: Mia Messer (Roman, 2012)
Doppelter Textpresso (Slamtexte mit CD, 2009)
Freischnorcheln (Roman, 2008)
CDs: Tauwetter (Rap-CD, 2009)
Antarktis (Rap-CD, 2007)
Sprechknoten (SP mit Markus Köhle, 2007)

Herausgeberschaften: Mundpropaganda (mit Markus Köhle, Poetry Slam Anthologie, 2011)
How I fucked Jamal (mit Cornelia Travnicek, Anthologie, 2010)
textstrom (mit Diana Köhle, Poetry-Slam-Anthologie, 2005)
Blogs: http://textstrom.backlab.at/
http://miezemedusa.wordpress.com
Homepage: www.miezemedusa.com
www.textstrom.at
www.ö-slam.at
Kurzbio: Mieze Medusa ist Slammerin, Rapperin (mieze medusa & tenderboy), Autorin und Zugfahrerin. Seit über 10 Jahren setzt sich die »Slam-Mama« für die österreichische Poetry-Slam-Szene im In- und Ausland ein, schafft Bühnen für sich selbst und andere und freut sich über alte und neue Herausforderungen.

Fortsetzung Kurzbio Markus Köhle

Bruchharsch (Firn-Harsch-Sulz-Prosa, 2009)
Riesenradschlag (25 Briefe aus Wien, 2007)
Brahmskoller (Geschichte mit Textvorhängen, 2005)
Letternletscho (Stabreim-Abcetera, 2004)
Couscous à la Beuschl (Tunisroman, 2004)
Pumpernickel (Erzählungen, 2003)
CDs: Sprechknoten (Slam Poetry mit Mieze Medusa, 2007)
Abendroth goes L-E-L (Hörspiel mit Jörg Zemmler, 2003)
Herausgeberschaften: Mundpropaganda. (Poetry-Slam-Anthol. mit Mieze Medusa, 2011)
Ö-Slam (Poetry-Slam- Anthologie mit Diana Köhle, 2008)
Handbuch österreichischer und Südtiroler Literaturzeitschriften 1970–2004 (mit Ruth Esterhammer und Fritz Gaigg, 2008)
Blogs: http://slamdichweiter.backlab.at/
http://baeckereipoetryslam.wordpress.com/
http://dum-blog.blogspot.co.at/
Homepage: www.autohr.at
Kurzbio: Markus Köhle ist Kolumnist (www.20er.at), Literaturzeitschriftenaktivist (www.dum.at), Papa Slam (www.ö-slam) und Sprachinstallateur. Er schreibt, um gehört zu werden.

Der Kosmos von Mieze Medu

IN ECHT IN BUNT! IN ECHT IN BUNT! IN ECHT IN BUN

Mieze Medusa
FREISCHNORCHELN
Roman
2. Auflage
ISBN 978-3-85286-167-8

Nora will kündigen. Aber wie kündigen, wenn du dein eigener Chef bist? Ein Roman voll flirrender Eloquenz und spritzigem Humor für alle, die noch nicht so ganz erwachsen sind, es lange Zeit nicht waren oder niemals werden wollen! Der Debütroman von Wiens Poetryslam-Queen und HipHop-Lyrikerin Mieze Medusa, der Ihren Alltag garantiert versüßt.

Mieze Medusa
MIA MESSER
Roman
ISBN 978-3-85286-218-7

Mia Messer ist Kunstdiebin. Ihre Beute hängt in den großen Museen Europas und stammt zumeist von Künstlerinnen. Die Familie Barozzi ist eine alteingesessene Wiener Ganovenfamilie. Mia, die uneheliche Tochter eines der Barozzisöhne, wurde im familieneigenen Internat für ihre kriminelle Zukunft ausgebildet. Und sie ist außerordentlich talentiert. Lies dieses Buch und tauch ein in Mias Welt!

Mieze Medusa & Markus Köhle
MUNDPROPAGANDA
Slam Poetry erobert die Welt
ISBN 978-3-85286-204-0

Mundpropaganda katapultiert Sie mitten in den abgedrehten Slam-Kosmos. Lesen Sie von talentierten Volksschulkindern unter Terrorismusverdacht, Eisbär Knuts Klöten, Kleingeistern und Großkotzen, Bildungsschmoks und Kleinformatsrevoluzzern, Eduard Zimmermann und Indiana Jones, beachtlich abstoßenden Edelproletinnen und dement gekoksten Galileo-Mystery-Rechercheteams, von spektakulär hyperindividuellen Selbstmordarten etc.

& Markus Köhle bei MILENA
ECHT IN BUNT! IN ECHT IN BUNT! IN ECHT IN BUNT!

Markus Köhle
DORFDEFEKTMUTANTEN
Ein Heimatroman
ISBN 978-3-85286-186-9

Herzlich willkommen im Raststadel! Machen Sie es sich bequem, genießen Sie den Rustikalschick auf dem Dorf, fühlen Sie sich wie zu Hause zwischen Tourismus und Transit, Bürgermeisterschnapsideen und Rauschkindern. *Dorfdefektmutanten* ist ein moderner Heimatroman und knackiger Entwicklungsroman – ansässig in den Schauplätzen der Tiroler Provinz und der Großstadt Wien.

Markus Köhle
HANNO BRENNT
Roman
ISBN 978-3-85286-219-4

Hanno hat auf einer Party eine neue Flamme getroffen und eine geniale Geschäftsidee geboren: Er will hochbezahlter Auftragsautor von Haustiergeschichten werden. Der Weg in die Selbständigkeit ist schwierig, hilfreich zur Seite stehen Mitbewohner Karl, Frau Kommerzialrat Pochsteiner und die schöne Annabell. Kaum kommen die Beziehungen in Fahrt und die Geschäfte ins Rollen, schnappt eine fiese Falle zu: Annabell, Hanno & Co geraten in die Fänge der Staatsmacht und werden zu Opfern der Terrorismusbekämpfung. Na bumm!

Mieze Medusa & Markus Köhle
HOW I FUCKED JAMAL
Warnung: Kann Spuren von Vögeln enthalten
ISBN 978-3-85286-188-3

Sex goes international goes literature. Die junge Literaturszene begibt sich in die Horizontale. Wie soll das gehen mit dem One-Night-Stand, mit der Liebe, mit dem Sex? Alles easy, multipel-kulti? Ohne Rücksicht auf Intimitätsverluste begeben sich junge Autorinnen und Autoren auf das glatte Eis des globalisierten Beischlafs.

Gedruckt mit freundlicher Unterstützung durch

Umschlaggestaltung: Jörg Vogeltanz, www.vogeltanz.at
Druck und Bindung: CPI books GmbH, Leck
© Milena Verlag 2013
A-1080 Wien, Wickenburggasse 21/1-2
www.milena-verlag.at
ALLE RECHTE VORBEHALTEN
ISBN 978-3-85286-234-7